EXCEÇÃO DE USUCAPIÃO

G922e Guedes, Jefferson Carús
        Exceção de usucapião / Jefferson Carús Guedes.
        — Porto Alegre: Livraria do Advogado, 1997.
        140p.; 14x21cm.
        ISBN 85-7348-039-4

        1. Usucapião. 2. Prescrição aquisitiva. I. Título.
                            CDU 347.232.4

        Índice para catálogo sistemático:
        Prescrição aquisitiva
        Usucapião

        (Bibliotecária responsável: Marta Roberto, CRB 10/652)

Jefferson Carús Guedes

EXCEÇÃO DE USUCAPIÃO

livraria
DO ADVOGADO
editora

Porto Alegre
1997

© Jefferson Carús Guedes, 1997

Capa
Ə produções gráficas
Acelino Carús e Vanderléia Guedes

Projeto gráfico e diagramação de
Livraria do Advogado / Valmor Bortoloti

Revisão de
Rosane Marques Borba

Direitos desta edição reservados por
Livraria do Advogado Ltda.
Rua Riachuelo, 1338
90010-273 Porto Alegre RS
Fone/fax: (051) 225 3311
E-mail: liv_adv@portoweb.com.br
Internet: http://www.liv-advogado.com.br

Impresso no Brasil / Printed in Brazil

Agradecimentos

Ovídio Baptista da Silva e
Sérgio Giberto Porto,
professores da PUCRS;

José Carlos Teixeira Giorgis e
Reginaldo Gasso Rodrigues,
fiéis incentivadores;

Eliana Pires Rocha,
companheira e amiga.

Lista de Abreviaturas

a.C.	antes de Cristo
AC	Apelação Cível
AJURIS	Associação dos Juízes do Rio Grande do Sul
art.	artigo
cap.	capítulo
CF	Constituição Federal
CPC	Código de Processo Civil
d.C.	depois de Cristo
Des.	Desembargador
DJU	Diário Oficial da Justiça da União
EJEA	*Ediciones Jurídicas Europa-América*
ERDP	*Editorial Revista de Derecho Privado*
n.	número
p.	página
pp.	páginas
RE	Recurso Extraordinário
Resp.	Recurso Especial
Rel.	Relator
RF	Revista Forense
RJCPCB	Repertório de Jurisprudência do Código de Processo Civil Brasileiro
RJTJRS	Revista de Jurisprudência do Tribunal de Justiça do Rio Grande do Sul
RJTJESP	Revista de Jurisprudência do Tribunal de Justiça do Estado de São Paulo.
RT	Revista dos Tribunais

seg.	seguintes
STF	Supremo Tribunal Federal
STJ	Superior Tribunal de Justiça
TARGS	Tribunal de Alçada do Rio Grande do Sul
TJMG	Tribunal de Justiça de Minas Gerais
TJRS	Tribunal de Justiça do Rio Grande do Sul
TJRJ	Tribunal de Justiça do Rio de Janeiro
TJSP	Tribunal de Justiça de São Paulo
vol.	volume

Prefácio

Desde Ulpiano (... *usucapio este dominni adeptio per continuationem possessonis ani vel biennii...*) e proclamado no Digesto (... *usucapio est adjectio dominii per continuationem possessonis temporis... Dig.*, I, 41), o usucapião se apresenta ao estudo com certa ambigüidade.

Já foi grafado como *osocapião*, acepção sem suporte filológico, pois para os doutos, quer se trate de vocábulo de formação primitiva ou se vincule a um étimo, a forma correta é com *u* na segunda sílaba.

Depois, embora no latim - e no *Corpus Juris* -, italiano, francês e inglês, usucapião seja gênero feminino (e assim foi empregado por Clóvis, Rui e Lafayette), é masculino em espanhol e português, como anotam a doutrina e o Código Civil (artigos 618 e 619).

Aí expiram algumas perplexidades.

A execução de usucapião, como defesa indireta de mérito, registra comedida referência ou breve página em trabalhos prestigiados, como os de Câmara Leal, Pedro Nunes, Lourenço Mário Prunes, Lenine Nequete, Natal Neder, Antônio Ferreira Inocêncio, Armando Roberto Holanda Leite, Nelson Luiz Pinto ou Tupinambá Miguel Castro do Nascimento, por exemplo.

Por isso, esta obra é pioneira numa abordagem sistêmica do assunto, e foi pensada com cirurgia e proveito cartesianos, sem abdicar da notória intenção de solver os tormentos dos operadores jurídicos, fugindo da mera dissertação acadêmica, afável apenas ao restrito círculo de iniciados.

Atrevo-me a flagar três tópicos neste exame.

A investigação parte da tradição romana sobre as exceções substanciais, já palidamente divisadas no período das *legis actiones*, mas que crescem na época das fórmulas pelo aumento do poder dos magistrados e pela redução dos procedimentos e submissão do formalismo pela emergência de novos direitos; matém-se, depois, mesmo com o desaparecimento das *formulae*, na *extraordinaria cognitio*; adiante, os glosadores timbram as exceções como verdadeiras defesas genéricas, embora as encarem como *enigmas intransponíveis*, obtendo feição teórica já no direito eclesiástico.

O eposódio mais relevante, e que segue à conhecida discussão entre Bernhard Windscheid e Theodor Muther sobre a *Actio*, é o aparecimento do livro de Oskar von Bülow, em 1868, sobre as exceções e os pressupostos processuais, ato inaugural da moderna processualística, e que desencadeia novas e fortes elucubrações no assunto, como as de Wach, Chiovenda, Carnelutti e Calamandrei.

Como consectário, e disto o autor não se evade, torna-se impositiva a análise dos conceitos de ação e exceção, aqui com a presença de outros festejados juristas como Pekelis, Couture, Rocco, Redenti e Bolaffi, sem escusar-se a polêmica entretida por Carnelutti, Cappelletti e Liebman, tudo apreciado com rigor de pesquisa, findando o estudo com a sistemática das exceções do direito pátrio.

Desbastadas as informações teóricas, o labor ingressa no cerne da proposta, tratando o usucapião e de seu processo para obter o reconhecimento do domínio, assim como das dúvidas sobre o cabimento da reconvenção e da declaração incidental nestas demandas, seguindo-se o aporte da exceção.

E aqui reside a importância para o operador forense, que tem acesso a informações precisas sobre matéria de sua estrita conveniência profissional, como as que versam sobre os requisitos da exceção de usucapião, momento para argüição e forma a adotar, ônus probatório a cumprir-se pelas partes, a previsão legal do instituto e as fontes doutrinárias ou jurisprudenciais aconselhadas.

Tenho, entretanto, que outra originalidade é a resposta que se dá às indagações angustiantes sobre a admissibilidade da exceção de usucapião em determinadas ações, como na reivindicatória, imissão de posse, demarcatória, divisória, possessória, inventário, despejatória, desapropriação, bem ainda das eficácias decorrentes das decisões nelas pronunciadas, aludindo-se, finalmente, ao majoritário entendimento dos repositórios de que a exceção de usucapião, caso admitida, não elide a necessidade de propositura da ação própria para declarar a aquisição da propriedade, por falta de coisa julgada. É verdade que o usucapião especial, por alusão legal, prega que a sentença que aceite sua invocação como defesa é título para transcrição no álbum imobiliário, preceito operado com muita reserva, por visível divergência a dogmas processuais.

Agora, sobre o autor.

Algretense, o exercício de função pública encaminhou sua mudança para Bagé, onde forjou invejável conduta intelectual.

Poeta, logo se incorporou aos movimentos culturais da cidade, despontando pela inteligência e sensibilidade, e ingressou na Faculdade de Direito, onde se preocupa em acrescer ao seu acervo mais que a rotina das aulas.

Advogado militante, depois de aprovado em concurso público, leciona Direito Processual na instituição onde se graduara, como na Escola do Ministério Público, magistério que, agora, também desenvolve em universidade paranaense, por transderência recente de domicílio.

É membro do Instituto dos Advogados do RS, coordenador de revista jurídica da URCAMP e autor de trabalhos publicados em diversos livros de renome nacional.

Finda a Especialização em Processo Civil, o livro é resultado de sua pós-graduação, sendo o grau obtido a melhor expectativa para o sucesso da publicação.

JOSÉ CARLOS TEIXEIRA GIORGIS
Juiz do Tribunal de Alçada do RS. Professor

Sumário

Capítulo I - Exceções substanciais
1. Acepções da palavra exceção 19
2. Evolução histórica das exceções 23
   2.1 Direito Romano 25
   2.1.1. Período da *Legis Actiones* 26
   2.1.2. Período *Per Formulae* 28
   2.1.3. Período das *Extraordinem* 33
   2.2. Direito Comum 34
   2.3. Direito Canônico 35
   2.4. Direito Moderno 36
3. Conceitos modernos de ação e exceção 39
   3.1. Teorias da Ação 39
   3.2. Paralelismo entre Teorias da Ação e Teorias da Exceção 43
   3.3. Teorias da Exceção 44
   3.4. A Polêmica Carnelutti-Cappelletti-Liebman 48
4. Sistemática brasileira das exceções 53
   4.1. Regulamento 737/1850 54
   4.2. CPC de 1939 55
   4.3. CPC de 1973 56

Capítulo II - A exceção substancial de usucapião
5. Origens romanas do instituto 62
   5.1. *Usucapio* do *Ius Civile* (forma aquisitiva) 62
   5.2. *Praescriptio Longi Temporis* do *Ius Gentium* (meio de defesa) 65
   5.3. A Fusão dos institutos 69
   5.3.1. A *usucapio* e a *praescriptio longi temporis* no direito comum e medieval 70
6. Usucapião 72
   6.1. Reconvenção 72
   6.2. Declaração Incidental 75

6.3. Ação própria 76
6.4. Exceção de usucapião 78
6.4.1. Requisitos 79
6.4.1.1. Posse 80
6.4.1.2. Tempo 81
6.4.1.3. Coisa Hábil 81
6.4.1.4. Justo Título 81
6.4.1.5. Boa-fé 82
6.4.2. Ato da parte/ato do juiz 82
6.4.3. Momento de argüir 83
6.4.4. Forma 86
6.4.5. Ônus da Prova 87
7. Previsão 89
7.1. Jurisprudencial 89
7.1.1. Sumular (Súmula 237 do STF) 90
7.2. Legal 90
7.3. Doutrinária 91
8. Admissibilidade da exceção de usucapião .. 92
8.1. Ação Reivindicatória 93
8.2. Ação de Imissão de Posse 96
8.3. Ação Demarcatória 100
8.4. Ação Divisória 103
8.5. Ações Possessórias 105
8.5.1. Proibição da exceção de domínio (art. 923 do CPC) . 106
8.5.2. O artigo 923 do CPC e a exceção de usucapião 108
8.6. Outras ações 110
8.6.1. Ação de Despejo 110
8.6.2. Ações de Inventário e Arrolamento ... 111
8.6.3. Ação de Desapropriação 111
8.6.4. Ação de Usucapião 112
8.6.5. Ações para reaver posse ou domínio de bens móveis 113
9. Sentença da ação de usucapião e sentenças desestimatórias das demandas onde é oposta a exceção de usucapião ... 114
9.1. Eficácia Declaratória 114
9.2. Eficácia Constitutiva 115
9.3. Eficácia Mandamental 116
9.4. Eficácia da exceção de usucapião de bens móveis 118
9.5. Participação do Ministério Público na exceção de usucapião de imóveis 119
10. Alcance dos efeitos da exceção 121
10.1. Posições dos Doutrinadores 121
10.1.1. Pontes de Miranda 122
10.1.2. Adroaldo Furtado Fabrício 123
10.1.3. Athos Gusmão Carneiro 124
10.1.4. Lenine Nequete 125

10.1.5. Ernani Fidélis dos Santos 126
10.1.6. Tupinambá Miguel Castro do Nascimento 127
10.1.7. Natal Nader 127
10.1.8. José Carlos de Moraes Salles 128
10.1.9. Humberto Theodoro Júnior 129
10.1.10. Luiz Edson Fachin 131
10.1.11. Nélson Luiz Pinto 131
11. Conclusão 133
Bibliografia 135

Capítulo I
EXCEÇÕES SUBSTANCIAIS

1
Acepções da palavra exceção

Deve-se à multiplicidade de significados do vocábulo *exceção* a opção metodológica a ser adotada neste trabalho. Antes de ingressar na revisão do desenvolvimento histórico do instituto, é oportuno analisar, ainda que superficialmente, suas acepções, sejam extrajurídicas e, posteriormente, urídicas, conceitos às vezes confusos, quando não contraditórios.

Etimologicamente, *exceção* deriva do latim *exceptio*, de *exceptione*, verbo *excepire*, com sentido de cláusula, condição.

Na acepção extrajurídica, segundo Aurélio Buarque de Holanda Ferreira, pode significar: "a) ato ou efeito de exceptuar; b) desvio da regra geral; c) aquilo que se exclui da regra; d) exclusão; e) privilégio, prerrogativa; f) indivíduo ou modo de agir que difere do pensar comum"[1].

No campo jurídico também é amplo o significado, tendo dito Chiovenda, referindo-se à legislação italiana, que "a palavra exceção não pode dizer-se que tenha um próprio e verdadeiro significado técnico especial em nossas leis"[2].

---

[1] *Novo Dicionário da Língua Portuguesa*, p. 738.

[2] CHIOVENDA, Giuseppe. *Principios de Derecho Procesal Civil*, tomo I, p. 314. ("La palavra *excepción* no puede decirse que tenga un propio y verdadero significado técnico especial en nuestras leyes"). No mesmo sentido em "Sulla Eccezione", *Rivista di Diritto Processuale Civile*, ano 1927, I, p. 137.

Ressentimo-nos, também, na linguagem jurídica brasileira, seja legal ou doutrinária, da ausência de um significado técnico preciso para a locução *exceção*, podendo-se encontrar entre nós, três, senão quatro, sentidos:

Em sentido amplíssimo, é empregada para identificar qualquer atitude do réu, desde as defesas consistentes na negativa dos fatos ou dos efeitos destes, defesas diretas, típicas de contestação, incluindo as denominadas *exceções processuais*[3] e *exceções de direito material*[4].

Em sentido amplo, indica as defesas indiretas, sejam processuais ou materiais, dirigidas a obstacularizar os efeitos das alegações, por meio da suspensão, do impedimento ou da extinção da ação, alijadas aqui apenas as defesas que negam os fatos trazidos pelo autor ou que negam suas conseqüências.

Em sentido restrito, é utilizada ambiguamente, ora para designar as exceções puramente materiais, ora para indicar as exceções processuais. Desta última forma, pode ser encontrada dando nome à secção III do capítulo II do título VIII do CPC, entitulada "Das Exceções"; ou num significado restrito às exceções processuais, quais sejam: incompetência, impedimento ou suspeição do juiz, arts. 304 a 318 do CPC. Tal restrição, no sentido das exceções, foi recepcionada no CPC de 1973, festejada por Barbosa Moreira, como denotadora de "purificação do conceito"[5].

---

[3] Assim no Anteprojeto Buzaid, antes da apreciação pelo Senado, segundo Calmon de Passos, *Comentários ao CPC*, n. 189, p. 307.

[4] *Teoria Geral do Processo*. Neste sentido no art. 4º do CPC de 1939, conforme manifestação de Alcides de Mendonça Lima, "A nova sistemática das exceções", *Revista de Processo*, n. 3, p. 65.

[5] "A Resposta do réu no sistema do Código de Processo Civil", publicado na *Revista de Processo*, n. 2, p. 249. Barbosa Moreira festeja a exclusão, no CPC de 1973, do título "Das Exceções", da litispendência e da coisa julgada, matérias classificadas como "objeções", possíveis de conhecimento "de ofício" pelo juiz, incorretamente situadas entre as exceções processuais. Observe-se, entretanto, que a tradição advém do Regulamento 737/1850, e não a partir do CPC de 1939.

Pode ainda representar, em senso oposto ao anterior, exclusivamente as exceções materiais ou substanciais. Exceções relacionadas ao mérito, como nos artigos 911, 1072 e 1502 do Código Civil. Assim também a exceção de usucapião, prevista pela Súmula 237 do STF: "O usucapião pode ser argüido em defesa", contido também no art. 7º da Lei 6.969/81.

Não é exclusiva do ordenamento e da doutrina brasileiros a confusão estabelecida pela amplitude de significados de *exceção*, conforme já anotara Chiovenda, referindo-se à Itália.

Na Alemanha, o conceito de *exceção* no estatuto processual abarca as exceções de direito processual (*Eirede*) e objeções de direito material, sendo objeção (*Einwendung*) o sentido mais largo de defesa do demandado, incluindo a negativa dos fatos alegados pelo autor[6], compreendidas no corpo da contestação.

Leo Rosemberg sugere, como forma de pôr fim à confusão, a expressão "reparo" (*Einwad*) para denominar "os fatos que levam a rechaçar a demanda como infundada, sem atacar a justiça ou validade do fundamento da pretensão". Conclui, dizendo ser o conceito amplo e genérico, carecedor de rigor dogmático, incluindo, inclusive, ausência dos pressupostos processuais[7].

Na Espanha, observa Francisco Ramos Méndez, que inexiste um sentido único para a palavra nas leis, "mas designam com este nome diversas formas de opor-se à demanda"[8].

Não difere a França, segundo informa Helio Tornaghi[9], onde são impuros os conceitos, "indicando a expressão também as defesas processuais".

---

[6] SCHÖNKE, Adolfo. *Derecho Procesal Civil*, p. 181.
[7] ROSEMBERG, Leo. *Tratado de Derecho Procesal Civil*, vol.II, p.147, 150.
[8] RAMOS MÉNDEZ, Francisco. *Derecho Procesal Civil*, tomo I, p.482.("sino que designan con este nombre diversas formas de oponerse a la demanda").
[9] "Das exceções", *Revista Jurídica da Faculdade Nacional de Direito da Universidade do Brasil*, ano 1955/1956, p. 72.

Este trabalho não visa, em absoluto, a reparar o tumulto terminológico reinante há séculos. Dentro das limitações impostas, deve ser buscada a evolução das exceções, desde o vocábulo primitivo *exceptio*, e seus sentidos do Direito Romano ao tempo atual, restringindo a atenção à função originária, enquanto defesa indireta de mérito, para, numa segunda etapa do trabalho, aprofundar na exceção de usucapião, objeto principal desta monografia.

2
Evolução histórica das exceções

Na ciência do direito, por seu conteúdo social, sobreleva a importância da história. Ela permite o conhecimento da construção dos institutos jurídicos e a superação do mito de terem estes surgido da criação genial dos jurisconsultos, revelando sua origem no embate travado ao longo dos tempos.

A história desponta, portanto, como disciplina auxiliar do Direito. Para o estudante de processo civil, possui um significado especial. Conforme o entendimento de Enrico Allorio, pode ser: "um problema que para muitos de nós se apresenta: o problema de estabelecer uma solidariedade entre a própria cultura do especialista e a cultura geral, ou concepção complexa da realidade humana"[10].

Afirma ainda que: "Esta realidade é a história; o interesse do processualista, e do estudioso do direito em geral, se justifica com o conhecimento da realidade espiritual sob as normas do direito: daquela realidade que, coincidindo com a função, ou causa, da norma jurídica, deve ser considerada pelo jurisconsulto teórico com maior atenção, quanto mais vivo seja o desejo que ele demonstra de consagrar-se cientista e teórico verda-

---

[10] ALLORIO, Enrico. "Significato della storia nello studio del Diritto Processuale", *Rivista de Diritto Processuale Civile*, 1938, p. 185. ("un problema che a molti de noi se presenta: il problema di stabilire una solidarietà tra la propria coltura di specialista e la propria coltura generale... o concezione complessiva della realtà umana.").

deiro, e de diferenciar o próprio método do método empírico"[11].

Por este raciocínio, a busca das "causas" das normas, configurada na pesquisa que incorpora seu devenir como elemento essencial, aproxima-se do método científico, afastando-se, em contrapartida, do empirismo anotado pelo autor italiano.

Mais do que simples apreço, a interpretação do Direito, segundo a sua evolução, através do desenvolvimento histórico dos institutos, remete à primeira idéia do processualista citado, qual seja, da "causa" ou "função", isto é, razão do surgimento e função ao longo do seu desenvolvimento.

A origem dos institutos jurídicos nacionais é insofismavelmente romana. Embora, desde que este povo viveu organizadamente, muito tenha passado, levando o historiador francês Paul Weyne a afirmar: "Entre os romanos e nós um abismo foi cavado pelo cristianismo, pela Filosofia Alemã, pelas revoluções tecnológicas, científicas e econômicas e por tudo compõe nossa civilização"[12].

Mas este suposto "abismo" não mitiga a importância do exame dessa fonte neste estudo.

O Direito Romano, compreendido em seu longo perfil através dos séculos, composto pelo mosaico legislativo e doutrinário que remanesceu, é a grande matriz do Direito luso-brasileiro, sem olvidar, no entanto, as grandes transformações ocorridas, como apontado anteriormente.

---

[11] ALLORIO, Enrico, obra citada, p.185. ("Codesta realtà è la storia; l'interesse del processualista, e dello studioso di diritto *in* genere, per la storia si giustifica dunque come interesse per la conoscenza della realtà spirituale, sottostante alle norme del diritto: di quella realtà che, coincidendo con la *funzione*, o *causa*, delle norme giuridiche, dev'essere considerata dal giureconsulto teorico con tanta maggior attenzzione, quanto più vivo è il desiderio, ch'egli prova, de considerarsi *teorico* e scienziato vero, e di diferenziare il proprio metodo dal metodo empirico...").

[12] WEYNE, Paul. *Inventário das diferenças*, p. 10.

A ligação do Direito brasileiro à matriz latina não é pacífica. O Brasil é classificado por alguns estudiosos como membro de um "subgrupo de países que, embora inspirando-se na tradição romana, a teriam desnaturado, mesclando outras fontes à herança latina", propositores da inclusão do nosso país numa "posição romanista à *part totale*"[13].

Tal exclusão, se confirmada, não atenua ou desfaz o forte vínculo existente entre as normas brasileiras deste tempo e aquele sistema jurídico. A filiação ao grupo romanista, seja em maior ou menor grau, impõe o exame dessa fonte, e, mais do que isto, a análise da construção de seus institutos, não apenas em sua última fase, justinianéia.

2.1. DIREITO ROMANO

O Direito Romano, enquanto sistema, compreende mais de mil anos, mesmo desconsiderada a lendária fundação de Roma. Entre a edição da *Lex XII Tabularum* e o Império de Justiniano, mais de dez séculos se passaram.

Neste extenso período, diversas foram as alterações no sistema de governo, nos contornos dos territórios dominados, além do influxo das lutas internas e externas, determinantes da história romana.

O Direito, enquanto ciência normativa, impositora de normas de conduta e de sanções, não refoge a essas pressões sociais, sofrendo alterações e delas sendo conseqüência.

Estas alterações observadas pelos jusromanistas resultaram na divisão do Direito Romano nos seguintes períodos: a) Antigo (das origens ao ano de 100 a.C.); b)

---

[13] VILLELA, Anna Maria. "Usucapião especial no Brasil", *Seminários de Direito Romano*, p 165.

Clássico (do ano 100 a.C. até 211 d.C.); c) Pós-Clássico (do ano de 211 d.C. até 527 d.C.) e d) Justinianeu (do ano de 527 d.C. até a morte de Justiniano em 565 d.C.). O processo civil romano teve evolução diferenciada, possuindo apenas três períodos, não coincidentes com o direito material, que são: a) *Legis Actiones* (das origens até 130 a.C.); b) *Per Formulae* (do ano de 130 a.C. até 294 d.C.) e c) *Extraordinem* (do ano de 294 d.C. até o período Justinianeu).

Nos primórdios, o processo civil romano desenvolveu-se frente a um cidadão comum indicado pelas partes (*iudex*), sem a intervenção do Estado. "A passagem da fase da justiça privada à da justiça pública se faz por intermédio da arbitragem"[14].

Posteriormente, o Estado intervém com maior profundidade, impondo a presença do *magistratus*, que escolhe o *iudex* quando as partes não o elegem, determinando, ainda, o fim solene da lide com a "declaração" da sentença.

Tais mudanças foram lentas, ocorrendo após largos períodos, evoluindo nas três fases, de um controle dos cidadãos, (*Legis Actiones*); a uma etapa intermédia de controle superficial do Estado (*Per Formulae*), para, na última, revelar o monopólio completo do Estado-Juiz (*Extraordinem*).

O exame mais profundo destas mudanças e surgimento da *exceptio* será o encargo que se procederá a seguir.

2.1.1. Período da "Legis Actiones"

O período da *Legis Actiones* ou das Ações da Lei é marcado profundamente pela oralidade, pelos gestos e

---

[14] ARANGIO-RUIZ, Vincenzo. *La acciones en el proceso privado romano*, p. 12. ("El paso de la fase de la justicia pública se hace por medio del arbitraje").

declarações solenes, pelo rigor formal. Nesta fase não se conhecia ainda a *exceptio*[15].

As *Legis Actiones* eram cinco: *manus iniectio*, que consistia na prisão do devedor pelo credor, visando a reaver os créditos; *sacramentum in rem*, em que era feito o depósito de um valor na mão do pontífice para ser entregue ao vencedor ao fim do litígio; *iudicis postulatio*, ação especial pedindo ao magistrado a indicação de um juiz (privado) para a solução de litígios obrigacionais, divisórios ou outros; *conditio*, ação específica para recuperar valores em dinheiro; *pignoris capio*, ação executiva objetivando à apreensão da coisa em poder do devedor.

A estrutura do processo neste período permitia variações na atuação do réu, segundo a demanda que era proposta. Na *acti sacramentum in rem* podia opor pretensão idêntica à do autor; na *actio manus iniectio*, ação executiva, só se permitia a apresentação de defesas após a oferta de caução; na *actio postulatio* e na *conditio* poderia apresentar defesa negando o pedido; na *pignoris capio*, apreendido o bem, cabia ao réu promover o processo para reaver o mesmo, provando a inexistência do débito que legitimara a apreensão[16].

Opina Antonio Palermo que "a substancial diversidade de posições que o réu assumia na *actio in personam* em relação à *actio in rem*, constitui o ponto de partida para uma completa pesquisa da origem da *exceptio*..."[17].

Nas ações *iudicis postulatio* e *sacramentum in personam*, exigia-se a indicação da *nominata causa*, ao contrário da *conditio*, que dispensava, na fase *in iure*, a exposição da *causa debendi*. Nas ações reais, pela natureza da relação posta em juízo, onde o objeto é a *res*, podia

---

[15] CUENCA, Humberto. *Proceso Civil Romano*, p. 299.
[16] ORTOLAN, M.. *Compendio de Derecho Romano*, p. 299.
[17] PALERMO, Antonio. *Studi sulla 'Exceptio' nel Diritto Classico*, p. 19.("La sostanziale diversità della posizione che il convenuto assumeva nell'*actio in personam*, rispeto all'*actio in rem*, constituisce il punto di partenza per una completa indagine sulla origine della *exceptio*..").

o réu opor à *vindicatio* do autor a sua *contravindicatio*, revelando, pelo menos nos primórdios, um caráter de ação dúplice, onde expunha o demandado pretensão idêntica à do autor. Por outro lado, nas denominadas ações pessoais, incumbia ao requerido a oposição de meios de prova capazes de demonstrar ser infundado o pedido ou o crédito.

Nesta fase, há uma lenta evolução com ampliação dos poderes do magistrado possibilitando, inclusive, *denegare actionem*, poder este exercido através da discricionariedade, "como órgão de eqüidade"[18], para declarar a inexistência ou ausência do direito afirmado pelo autor.

Esta amplitude dos poderes do magistrado, permitindo-lhe acolher "outros fatos e circunstâncias" para a solução da lide, ampliam também as possibilidades de defesa do réu, e não somente aquelas referentes aos fatos e direitos alegados pelo autor.

Assim, não é incorreta a afirmação de que, quanto mais remota a busca das origens, mais será encontrada a presença da justiça privada, sem possibilidade de defesa; em contrapartida, quanto mais recente, mais se verá a presença e intervenção do Estado-Juiz, com sua força para declarar, com base em seu poder de *imperium*, a existência ou a inexistência dos fatos alegados ou o reconhecimento de inexistirem os efeitos desejados pelo autor, acolhendo fatos opostos pelo demandado.

2.1.2. Período "Per Formulae"

O marco inicial do período formulário (*per formulae*), ou da *ordinaria judicia*, é a edição da *Lex Aebutia*, no ano 130 a.C., coincidindo com o final da fase do Direito

---

[18] PALERMO, Antonio. *Studi sulla 'exceptio' nel Diritto Classico*, p. 21.

Antigo, etapa Republicana do Estado, marcada politicamente pelo expansionismo territorial romano[19].

Mantém-se, no período formulário, a separação entre as fases do processo *in ius* ante o magistrado, e *in iudicium* frente ao juiz privado, escolhido pelas partes em acordo ou indicado pelo primeiro. O rigor formal das *Legis Actiones* é afastado, bem assim a taxatividade da palavras pronunciadas diante do *magistratus*, diálogo complexo, que, esquecido, seria capaz de inviabilizar a *actio*[20].

A função do magistrado passa a ser a de "regrar o litígio", e o faz através da fórmula, elaborada após os debates travados no tribunal, remetendo-a, posteriormente, ao juiz (*iudex*) ou árbitro (*arbiter*), para sentenciar (*iudicare*).

Não é demasiado afirmar, também, que três fatores associados contribuíram para o desenvolvimento das exceções: maior poder do magistrado quando insere ordens na fórmula; redução do formalismo dos procedimentos e nascimento de novos direitos, com a conseqüente expansão destes aos não-cidadãos, às gentes.

Analisar a composição da fórmula, sua estrutura, permite identificar a gênese da *exceptio*, no cotejo destes elementos com a atuação do réu. Foi afirmado anteriormente, citando Palermo, que a diversidade de atuação do réu nas ações *in rem* e a *contravindicatio* são o ponto de partida para o entendimento da origem da *exceptio*.

A fórmula era o ato de conclusão da fase *in ius*, sendo redigida pelo magistrado antes de remeter as partes à fase *in iudicio*, que se realizaria frente ao juiz. Compunha-se a fórmula da *intentio*, onde se anunciava e indicava o objeto do litígio; *demonstratio*, onde era fixada a pretensão e individuada a questão de direito; *condenatio*, onde o magistrado ordenava o juiz a condenar ou

---

[19] ALVARES SUAREZ, Ursicino. *Curso de Derecho Romano*, § 2º, p. 2.

[20] SCIALOJA, Vittorio. *Procedimiento Civil Romano*, p. 132.

absolver segundo a análise das provas e, ainda, eventualmente, aparecia a *adiudicatio*, quando o magistrado autorizava o juiz a adjudicar, declarar a quem pertence o domínio do bem objeto do processo.

A presença eventual da *adiudicati* foge à regra consagrada no processo formulário de que toda condenação será sempre pecuniária[21]. Somente escapavam ao princípio da condenação pecuniária casos excepcionais, através de "artifícios engenhosos", reservados às pretensões amparadas em direitos reais, onde o objeto pretendido era a própria coisa.

Além dos elementos essenciais da fórmula - *intentio, demonstratio* e *condenatio* - e do elemento eventual - *adjudicatio* - outros dois acidentalmente apareciam: a *praescriptio* e a *exceptio*.

A inserção da *praescriptio* na fórmula é uma limitação imposta pelo magistrado à investigação do juiz e à decisão que este deve adotar[22]. A imposição, decorrente do *imperium* do magistrado, força o juiz (na fase *in iudicio*) a examinar a existência da prescrição, tanto aquela favorável ao autor como ao réu, para, a seguir, ditar a sentença.

Atribui-se a denominação de *praescriptio* à posição onde era inserida a mesma na fórmula. Sua situação deveria anteceder (*prae*) as inscrições (*scriptiones*) da *intentio* e da *condenatio*[23].

O acolhimento da *praescriptio pro reo* pelo *iudex* resultava na *denegatio actiones*, confirmando as circunstâncias favoráveis ao demandado. Atenuado, portanto, o vínculo de causalidade entre a *intentio* - indicação da

---

[21] ORTOLAN, M. *Compendio del Derecho Romano*, p. 173; BAPTISTA DA SILVA, Ovídio A. *Curso de Processo Civil*, vol. II, p. 84.

[22] CUENCA, Humberto. *Proceso Civil Romano*, p. 303.(" Es una limitación impuesta por el pretor a la investigación del juez y a la decisión que éste debe adoptar").

[23] LOPES, Miguel Maria de Serpa. *Exceções substanciais: exceção de contrato não cumprido*, p. 21.

pretensão do autor - e a *condenatio* - ordem ao juiz de condenar ou absolver segundo seja fundada ou não a pretensão.

É importante observar esta quebra do "vínculo de causalidade" entre *intentio* e *condenatio*, aparece já como uma forma de atenuar os rigores do *ius civile*, caráter também atribuído à *exceptio*[24]. Os analistas do processo civil romano denominam de "pressuposto passivo" - *si paret, dare oportere* - à expressão incluída na fórmula, viabilizadora da atenuação da positividade contida na *condenatio*.

A relação entre *praescriptio pro reo* e *exceptio* é complexa, carecendo, até então, de exame mais profundo, embora possa se afirmar que variou conforme o tempo e o lugar. Segundo a indicação das fontes, a *praescriptio* surgiu antes da *exceptio*.

Há autores que acreditam na sucessão da *praescriptio* pela *exceptio*, permanecendo em vigor a primeira em Roma, desintegrando-se com a sucessão dos anos nas Províncias[25].

Encontra-se o pleno desenvolvimento da *exceptio* no período formulário, sendo improvável a sua existência anterior. Segundo Bolaffi, a introdução da *exceptio* "produz uma espécie de equilíbrio na fórmula: a inserção de um pressuposto negativo". Agora a cláusula é outra - *si non paret*[26]. A inclusão deste "pressuposto negativo" pelo magistrado objetiva a produção *in iudicio*, se confirmado, após o exame da prova, por um resultado favorável ao réu. A oposição da *exceptio* apenas na segunda fase, ausente portanto da fórmula que redigira o magistrado, não produzia o efeito denegatório da ação.

Para a compreensão do exato sentido da *exceptio* é imprescindível a diferenciação entre *ius civile*, *ius gen-*

---

[24] BOLAFFI, Renzo. *Le eccezione nel diritto sostanziale*, p.47.
[25] PALERMO, Antonio. *Studi sulla 'exceptio' nel Diritto Classico*, p. 60.
[26] BOLAFFI, Renzo. *Le eccezione nel diritto sostanziale*, pp. 50 e seg.

tium e *ius honorarium*, pois precisamente da diferente atuação do magistrado em cada um deles, que a *exceptio* tem o seu fundamento e importância. O *ius civile* de leis destinada a disciplinar as relações entre os cidadãos romanos; o *ius gentium* é o conjunto de normas destinadas a regrar as relações dos romanos com os não-romanos, as "gentes", ou ainda, os peregrinos; e o *ius honorarium* advém dos editos do pretor ou magistrado, espécie de "modelo de atuação" para o seu período e área de jurisdição.

Com a liberdade concedida pela *Lex Aebutia*, a atividade do magistrado ultrapassou a mera aplicação das formas procedimentais preexistentes, avançando para a criação de novas formas surgidas da necessidade de enfrentamento das situações que nasciam. O complexo de relações oriundas do contato dos cidadãos (romanos) e das gentes (não-romanos) reclamava a flexibilização da atuação deste magistrado, só alcançável através da criação de novas formas procedimentais, prevista nos editos. São exemplos dessa criação institutos como o depósito, o penhor e o comodato.

Por meio dos editos, foi paulatinamente sendo quebrado o rigor formal do *ius civile*. Não é diferente quando acolhe a *exceptio* do demandado com a conseqüente *denegatio actiones*, também uma forma de corrigir o direito civil, *corrigendi iure civile*, atenuando suas sanções.

Bolaffi afirma a existência de uma simultânea validade de normas, "característica mais notável desta duplicidade de ordenamentos jurídicos constitui-se na circunstância que tanto um como outro podem ser opostos diante do mesmo órgão jurisdicional"[27]

---

[27] BOLAFFI, Renzo. *Le eccezione nel diritto sostanziale*, p. 53.("La caratteristica più notevole di questa *duplicità* di ordenamenti giuridiciè costituita dalla circostanza che tanto l'uno quanto l'altro possono venire attuati dagli stessi organi giurisdizionale.").

2.1.3. Período das "Extraordinem"

A última fase do desenvolvimento histórico do processo civil romano recebe o nome de *extraordinaria cognitio* ou *iudicia extraordinaria*, procedimento que sobrepujou os demais, extinguindo processo *per formulae*, pondo fim também ao *ordo iudiciorum privatorum*[28]. Implantou-se nos últimos anos do século III d.C.

Existentes desde os primórdios, as *extraordinem* só eram utilizadas em casos excepcionais, como nas demandas entre os cidadãos e o Estado. De forma procedimental excepcional, passam a procedimento predominante, tendo como pioneiras nessa mudança as regiões provinciais, que ampliam seu poder político, secundando Roma.

A diferença marcante entre e o processo formulário e a *extraordinaria cognitio* é a extinção da divisão entre fases *in ius* e *in iudicio*, desenvolvendo-se, a partir de então, todo o procedimento frente ao magistrado, único julgador do início ao fim do processo[29].

As exceções, que surgem e se desenvolvem como elementos acidentais da fórmula, a esta subsistem, permanecendo após o desaparecimento da mesma. Este fato, aparentemente sem importância, tem ocupado parte dos pesquisadores, pois denota que, embora fizesse parte da fórmula, dela não dependia a exceção.

Outro ponto de vista destacado é de Biondo Biondi, acreditando ter a *exceptio* se transformado, no direito Justinianeu, "num instituto novo e diverso"[30]. Tal posição não recebe a acolhida de Bolaffi, para quem a exceção não sofreu modificação significativa.

---

[28] LOPES, Miguel Maria de Serpa. *Exceções substanciais: exceção de contrato não cumprido*, p. 26.

[29] SCIALOJA, Vittorio. *Procedimiento Civil Romano*, p. 364.

[30] LOPES, Miguel Maria de Serpa. *Exceções substanciais: exceção de contrato não cumprido*, p. 27.

2.2. DIREITO COMUM

O Direito Comum compreende os ordenamentos que sucederam o Direito Romano, incluindo o período histórico medieval.

A recepção das legislações primitivas (Código Teodosiano, Breviário de Alarico e *Fuero Juzgo*) se deu pelo domínio dos povos vencedores e, parcialmente, pela reinterpretação das fontes, efetuada pelos glosadores. Há, contudo, uma limitação enfrentada por esses pesquisadores medievais que não pode ser desprezada, decorrente das descobertas posteriores de textos primitivos e a incorporação de novas metodologias de interpretação.

Deve-se notar, também, que o trabalho dos glosadores teve por base os textos de Justiniano, fruto da compilação patrocinada pelo imperador em plena decadência do domínio do império romano-bizantino.

A *exceptio*, que se apresenta aos glosadores, é quase um enigma intransponível, acabando por induzi-los a acolhê-la como toda forma de defesa do réu[31]. Para alguns autores, a glosa é o nascedouro da contaminação do primitivo sentido romano da expressão.

Na tarefa sistematizadora desses juristas medievais, ressurge a classificação *ipso iure* e *ope exceptiones*, diferenciação não mais existente nos períodos romanos Pós-Clássico e Justinianeu. Designavam, com tal bifurcação, as exceções que deveriam ser opostas pelo réu, daquelas que poderiam ser acolhidas de ofício pelo magistrado[32].

Para Bolaffi não há, entretanto, prejuízo nesta divisão, pelo contrário, foi uma forma de preservar a antiga diferenciação entre fatos que operavam *ope exceptiones* e *ipso iure*. Também são condenados os glosadores por não

---

[31] BOLAFFI, Renzo. *Le eccezione nel diritto sostanziale*, p. 67.
[32] Idem, p. 70.

terem preservado o caráter de contradireito da exceção, quando, na verdade, tal conceito "é essencialmente moderno"[33], inadequado às concepções romanas e medievais da *exceptio*.

A obra do pós-glosador Donellus, jurista do século XVI, fase final do processo comum, repõe a diferença entre as exceções e outras defesas, retificando a concepção dos glosadores. Estabelece a diferença entre *infitiatio intentionis* e a verdadeira exceção, por ser aquela defesa baseada na coisa (*res*)[34].

O ponto positivo da observação feita por Donellus, ou Donello, é de ordem prática, permitindo o estabelecimento da diferença entre as ações que *piriptur ipso iure* e *piriptur ope exceptiones*, que consiste na possibilidade de acolhimento de ofício pelo juiz[35].

Em síntese, no direito intermédio, por obra dos glosadores, houve uma expansão do sentido de exceção, passando esta a incorporar toda a atividade do réu, idéia que se generalizou, salvo em casos especiais como o de Donellus.

2.3. DIREITO CANÔNICO

O Direito Canônico compreende o conjunto legislativo elaborado nos entornos dos séculos XVII e XVIII, composto pelos Cânones decretados pelo Papa ou pelos Concílios e reunidos neste século através do *Corpus Iuris Canonici*, regulando o direito aplicado pela Igreja Católica Romana.

No Direito Canônico ou Eclesiástico, segundo opinião de Della Rocca, a exceção é o direito potestativo

---

[33] BOLAFFI, Renzo. *Le eccezione nel diritto sostanziale*, p. 68.

[34] LOPES, Miguel Maria de Serpa. *Exceções substanciais: exceção de contrato não cumprido*, p.31; BOLAFFI, Renzo. *Le eccezione nel diritto sostanziale*, p. 75.

[35] Donello, Coment., 1, XXIV, citado por Renzo Bolaffi, *Le eccezione nel diritto sostanziale*, p. 76.

correspondente ao direito de ação que possui o autor[36]. Observa-se aqui a presença da terminologia contemporânea, emprestada das modernas teorias da ação, apropriação que parece inadequada.

Opina Alsina que havia no Direito Canônico uma diferenciação entre exceções e defesas, sendo a defesa baseada na negação dos fatos ou no desconhecimento do direito, e a exceção, a alegação visando a retardar ou excluir a ação[37].

Deve ser ressaltado que embora a teoria processual canônica advenha quase que exclusivamente do Direito romano, há uma distinção fundamental quanto à durabilidade do direito de oposição das exceções. Aqui não vigora o princípio de imprescritibilidade das exceções: "As exceções se extinguem por fatos que possam ser também diferentes daqueles que determinam a extinção da ação..."[38]. Aparentemente, vê-se nesta referência do juscanonista italiano uma versão da primitiva réplica, que tinha por fim anular a exceção apontada pelo demandado.

Ademais, fazia-se também a distinção entre as exceções processuais e materiais, além daquela relativa aos efeitos em dilatórias e peremptórias.

2.4. DIREITO MODERNO

O reexame das fontes, amparado nas ciências auxiliares ao direito e as descobertas de textos originais dos jurisconsultos romanos, em meados do século passado,

---

[36] ROCCA, Fernando Della. *in Diritto Processuale Canonico, Novissimo Digesto Italiano*, vol.VI, p. 353.

[37] ALSINA, Hugo. *"Defensas y excepciones"*, 1ª Parte, em *Studi in onore di Enrico Redenti*, p.90.

[38] ROCCA, Fernando Della. *in Diritto Processuale Canonico, Novissimo Digesto Italiano*, vol.VI, p.354.("La eccezione se estinguono per fatti che possono essere diversi da quelli che determinano l'estinzione dell'azione...").

permitiram o aprofundamento dos estudos processuais civis, primeiramente na Alemanha e posteriormente na Itália, redefinindo vários conceitos dos institutos jurídicos existentes, dentre estes o das exceções.

Inaugura a moderna processualística a obra de Oskar von Bülow, *Die Lehre von den Processeinreden und die Processvoraussetzungen*, datada de 1868[39], tratando precisamente das exceções e dos pressupostos processuais. Antes desta obra, a polêmica Windsheid e Müther sobre a natureza da *actio* romana abriu caminho para as elaborações científicas que se seguiram.

O trabalho de Bülow teve o condão de delimitar os pressupostos processuais e exceções e "esclarecer alguns desses conceitos fundamentais. A tarefa principal consistia em desfazer uma teoria equivocada e falseadora de todo o sistema processual civil"[40]; objetivo seguramente alcançado.

A polêmica sobre o termo *exceção* não cessou, entretanto, estando presente na obra dos processualistas que deram continuidade à obra de Bülow, como Wach, Chiovenda, Carnelutti e Calamandrei. Chiovenda chegou a afirmar "esta matéria ser uma das mais controvertidas pelos romanistas"[41].

As construções sobre a natureza da ação em suas teorias reanimaram o debate sobre a natureza da exceção após a primeira e mais festejada das depurações, efetuada por Bülow, estabelecendo os pontos distintivos entre pressupostos e exceções processuais, relativos principalmente ao ônus de provar, e ao acolhimento de ofício. As exceções cabe ao réu provar e não podem ser

---

[39] Edição argentina de 1964, EJEA, com tradução de Miguel Angel Rosas Lichtschein, com o título de *La teoria de las excepciones procesales y los presupuestos procesales*.

[40] BÜLOW, Oskar Von. *La teoria de las excepciones procesales y los presupuestos procesales*, prólogo.

[41] CHIOVENDA, Giuseppe. *Principios de Derecho Procesal Civil*, tomo I, p. 314.

acolhidas senão mediante provocação. Os pressupostos, quando alegada a ausência, cabe ao autor fazer a prova negativa, podendo ser conhecidos de ofício pelo magistrado.

3

Conceitos modernos de ação e exceção

Como foi referido no item 2.4, em meados do século XIX, teve início na Alemanha, França e, posteriormente, na Itália um profícuo debate sobre a natureza jurídica da 'ação' processual. Objetivava "demonstrar a autonomia do Direito Processual como disciplina não dependente do direito material"[42].

O ímpeto emancipacionista que permeava os estudos processuais estimulou o aprofundamento do debate, permitindo a depuração dos conceitos de "direito subjetivo material" e "ação processual" e, ainda, a definição de "ação de direito material".

A *actio* romana, definida como "o direito de perseguir em juízo o que nos é devido", não atendia mais as indagações que afloravam, acompanhadas pelas modificações sociais e políticas que emergiam.

3.1. TEORIAS DA AÇÃO

As conceituações sobre a natureza jurídica da ação processual são inauguradas com a "Teoria Civilista da Ação", ou "Teoria Imanentista", tendo como expoentes Savigny e Mattirolo, para quem a ação é: "o direito de perseguir em juízo o que nos é devido pelo obrigado".

---

[42] BAPTISTA DA SILVA, Ovídio A. *Curso de Processo Civil*, vol.I, p. 59.

Tal concepção tinha supedâneo na definição do jurisconsulto romano Celso: *Nihil aliud est actio quam ius quod sibi debeatur, iudicium persequendi,* que pode ser traduzida como: "A ação nada mais é do que perseguir em juízo o que nos é devido".

A definição de Celso, própria do procedimento romano, quando fracionado nas fases *in ius* e *in iudicio,* representava a concessão do magistrado para que o autor "perseguisse", frente ao juiz privado, *judex,* o que lhe era devido.

Foi duramente criticada esta teoria por deixar sem explicação o fenômeno da ação improcedente, pois após a "perseguição em juízo" poderia se concluir não ter o autor o "direito a tal perseguição".

A polêmica protagonizada por Windscheid e Müther, 1856/1857, sobre a *actio* romana, propiciou a Müther, e a seguir ao seu contendor, o reconhecimento da existência de dois direitos na ação: primeiro o do ofendido, de buscar a tutela do Estado, segundo aquele do Estado, direito de eliminar a lesão, contra aquele que a praticou.

O dissídio sobre a ação no processo romano já ensejava a autonomia conceitual da ação processual e a superação das limitações anteriores.

Adolf Wach, com a publicação, em 1889, da obra *Der Feststellungsanspruch*[43], dá o passo adiante, ao interpretar a passagem da Ordenança Processual Civil alemã de 1877, com a previsibilidade de uma pretensão especial e autônoma, para declaração da existência ou inexistência de uma relação jurídica.

A ação, portanto, podia ter como pedido uma "declaração negativa", isto é, a declaração da inexistência de uma relação jurídica, e não mais o objetivo único de "perseguir em Juízo o que nos é devido."

---

[43] Edição argentina da Editora EJEA, traduzida com o título *"La pretensión de declaración".*

Suprimida ficava, desde então, a formulação acolhida por Savigny e Mattirolo, com a inserção da contribuição de Wach, entendendo a ação como o direito contra o Estado e contra o réu (concreto) - direito a uma sentença justa -, que foi denominada "Teoria do Direito Concreto e Autônomo de Ação".

Chiovenda, intitulando-se seguidor das idéias autonomistas de Wach, mas discordando parcialmente delas, desenvolve a sua "Teoria da Ação como Direito Potestativo", acreditando não ser a ação um direito exercido contra o Estado, mas um "poder" exercido contra o adversário, tendente à obtenção de um efeito jurídico. Direito de produzir um efeito jurídico a favor de um sujeito e com ônus de outro - direito a uma sentença favorável.

Simultaneamente, na Alemanha, era produzida tese idêntica, por Weismann, tendo também a acolhida de outros processualistas italianos.

As idéias de Chiovenda, expostas em Bolonha, no ano de 1903[44], professavam a ação como "um direito especial de natureza potestativa por meio do qual se realizava, no caso concreto, a vontade da lei, abstratamente prevista pelo ordenamento jurídico."[45]

A limitação das Teorias de Wach e Chiovenda, quanto à inexplicabilidade das ações improcedentes, quedou-se sem resposta, visto que o "direito de ação" é conferido somente ao titular do direito subjetivo, concluindo-se, ao final, às vezes, que não tinha o autor o direito que afirmara, confirmação emanada somente da sentença de mérito.

A superação teórica viria com a divulgação das formulações de Degenkolb, associadas às do húngaro Plosz, defendendo a completa autonomia do direito de ação. Poderia a ação ser postulada por qualquer um, não

---

[44] "L'azione nel sistema dei diritti", publicada nos *Saggi di Diritto Processuale Civile*, vol. primeiro, p. 3.

[45] BAPTISTA DA SILVA, Ovídio A. *Curso de Processo Civil*, vol.I, p. 78.

somente pelos titulares do direito subjetivo, mas todo aquele que invocasse a tutela do Estado. Ter ação é ter direito a aspirar a um direito - direito a uma sentença, ainda que improcedente.

Denominou-se, dessarte, "Teoria do Direito Autônomo e Abstrato de Ação". Ultrapassava-se, com isto, a limitação alegada à teoria antecedente, pois perfeitamente previsível a ação improcedente, podendo haver ação sem haver o direito subjetivo, considerado o direito de ação como o amplo direito à jurisdição.

Não cessa, entretanto, o debate. Entre o "titular do direito subjetivo" (concretos) e "qualquer um que invocasse a tutela do Estado" (abstratos), há um vasto espaço que a "Teoria Eclética", defendida por Liebman, tentou preencher com as "condições da ação".

O ensinamento de Liebman dirigiu-se ao "fenômeno a que se dá o nome de direito de ação" e que corresponde a um agir dirigido contra o Estado, em sua condição de titular do poder jurisdicional e, por isso, em seu exato significado, o direito de ação é, no fundo, o direito à jurisdição; entre a ação e jurisdição existe, por isso mesmo, uma correspondência, não podendo haver uma sem a outra[46].

A ação é um poder subjetivo de caráter instrumental, destinado a obter um provimento jurisdicional relativo a um direito material - direito a uma sentença de mérito.

Posicionaram-se os "ecletistas" entre a teoria concreta e a teoria abstrata, impondo uma limitação entre a ação, como direito público incondicionado dos abstrativistas, e a de provocar a atividade do Estado contra o adversário.

Perenizou-se desde então o debate, embora as posturas "relativistas" adotadas por alguns autores, como

---

[46] SANTOS, Moacyr Amaral. *Primeiras linhas de Direito Processual Civil*, p. 160.

Pekelis[47] e Calamandrei[48], minimizando a discordância e atribuindo-a "às tendências políticas filosóficas dos respectivos autores", mais que ao exame aprofundado do real fenômeno existente.

3.2. PARALELISMO ENTRE TEORIAS DA AÇÃO E TEORIAS DA EXCEÇÃO

O longo e profícuo embate travado sobre a natureza da ação produziu também formulações relativas às exceções, a ponto de alguns autores, que defendem um paralelismo entre ação e exceção, afirmarem existir para cada teoria da ação uma correspondente teoria da exceção. Tal relação é defendida por doutrinadores como Alsina: "As diversas teorias que enunciaram sobre a natureza jurídica da exceção estão vinculadas às que, por sua vez, tratam de explorar a natureza jurídica da ação"[49].

Também Couture, analisando as exceções, vê a formação de *divisão semelhante* à das teorias da ação, pois "enquanto os partidários da ação como direito concreto entendem a exceção como um *'contradireito'*, que só pertence aos que tenham uma faculdade de resistência legítima, os outros concebem a exceção como um poder

---

[47] *Azione*, verbete do Nuovo Digesto Italiano, vol.II, p. 91. A análise de Pekelis, orientada a refutar a tese de Chiovenda, apontava para os tópicos comuns entre as teorias, também os pontos de divergência e a possível superação dessas discordâncias.

[48] A posição relativista de Calamandrei foi apresentada em "La relatività del conceto di azione", publicada na *Rivista di Diritto Processuale Civile*, ano 1939, pp. 23-46. Calamandrei indica, como ponto central das teorias, a postura política para privilegiar, segundo a posição particular de cada pensador, o interesse público ou privado. Ora fortalecendo o indivíduo contra o Estado, ora o contrário.

[49] ALSINA, Hugo. *Defensas y excepciones*, 2ª Parte, em Scritto Giuridici *in* Onore a Francesco Carnelutti, p.57. ("Las diversas teorias que se han anunciado sobre la naturaleza jurídica de la excepción, están vinculadas a las que, a su vez, tratan de explicar la naturaleza jurídica de la acción").

abstrato de defesa, que pertence até mesmo aos que não têm razão e que aspiram a uma sentença que se pronuncie sobre o fundamento ou falta de fundamento sua oposição"[50].

Embora reconhecida a vinculação entre teorias da ação e teorias da exceção, não é unânime o reconhecimento quanto à existência de um paralelismo entre ambas.

Tornaghi expõe tese contrária, negando a existência de simetria entre ação e exceção, assim como o apontado paralelismo. Para o autor paulista, somente seria acertado comparar ação e exceção no sentido de *actio* romana, designando direito do *credor contra o devedor*. Prossegue o processualista: "Mas entendida a ação como um direito abstrato pré-processual, direito subjetivo público de exigir do juiz a prestação jurisdicional, de pretender dele uma sentença, favorável ou não". Concluindo, por isso, ser desacertada a afirmação de que a exceção é *um direito absoluto que se opõe à ação*. E, ainda: "o que portanto a exceção ataca é o mérito, não a ação, muito menos o processo"[51].

Não restou apaziguada a controvérsia, embora seja inegável que da concepção da natureza da ação processual resulta, necessariamente, uma postura diferenciada quanto à natureza da exceção. Esta conclusão não permite a ilação de serem paralelos os institutos, embora possam ser paralelas as concepções no interior de cada uma das teorias.

3.3. TEORIAS DA EXCEÇÃO

Não há, nas origens romanas da exceção, uma discussão sobre a sua natureza jurídica. Acentua-se, este

---

[50] COUTURE, Eduardo. *Fundamentos do Direito Processual Civil*, p. 61.

[51] TORNAGHI, Hélio. "Das exceções", *Revista Jurídica da Faculdade Nacional de Direito da Universidade do Brasil*, anos 1955/1956, pp. 78-80.

debate, com o processualismo científico e as construções das teorias sobre a natureza jurídica da ação.

Aos partidários da "Teoria Civilista", continuadores do conceito romano de *actio*, dos quais se destaca entre nós Paula Baptista, a exceção se apresenta como "a ação do réu contraposta à do autor" [52]. Se a ação é o direito de perseguir em juízo o que nos é devido, a exceção será o direito de opor em juízo, quando demandado, o que nos é devido pelo autor.

A identidade entre a ação e o direito subjetivo, professado por esta teoria, vista a ação "como o próprio direito em pé-de-guerra", não permitia a extensão ou equivalência entre o direito de ação e o de defesa. Se a ação é o próprio direito, a exceção também o será.

As conquistas teóricas que permitiram o isolamento de "direito subjetivo", "pretensão" e "ação", proporcionaram, em conseqüência, a reinterpretação do conceito de exceção.

Wach fala de um direito do réu à tutela jurídica, consistente numa "especial forma de tutela", que se apresenta através da rejeição da ação infundada[53]. Só haverá exceção se não houver ação e vice-versa.

Posicionou-se Chiovenda, propositor da "Teoria da Ação como Direito Potestativo", de forma similar: "Se o autor não tem ação, sua demanda é infundada e como tal se rechaça." [54] Mais adiante, assevera o autor que a sentença de improcedência constitui coisa julgada, induzindo à curiosa situação, sendo acolhida a exceção do réu, de existir coisa julgada sem ter tido ação.

---

[52] BAPTISTA, Francisco de Paula. *Compendio de theoria e prática do Processo Civil*, § 35, p. 46. A obra de Paula Baptista, escrita na segunda metade do século XIX, para estudo nas classes jurídicas, conceituava a ação já com um sentido publicístico: "Ação é o direito de invocar a autoridade pública (juiz) e de obrar regularmente perante ele para obter justiça".

[53] ROCCO, Ugo. *Trattato de Diritto Processuale Civile*, vol.1, p. 304.

[54] CHIOVENDA, Giuseppe. *Principios de Derecho Procesal Civil*, p. 308.("Si el actor no tiene acción, su demanda es infundada y como tal recházase").

Reafirma o autor que a "exceção em sentido substancial apresenta-se como um contradireito frente à ação e portanto como um direito potestativo dirigido a anular a ação"[55]. "Quando o réu faz uso da exceção substancial que lhe compete a sentença nega a demanda, afirmando a inexistência da ação".[56]

Posicionou-se Chiovenda coerentemente quanto à exceção, entendida como o direito de anular ação. Anulada esta, por inexistir o direito do autor, inexiste a ação, restando entretanto definir de onde se originou a coisa julgada.

Ugo Rocco, examinando a teoria proposta por Chiovenda, refuta a tese dos "direitos antitéticos" (contradireito), oriunda das afirmações anteriores, segundo as quais só há ação se não houver contradição (defesas e exceções), e vice-versa[57].

A fundamental diferença entre abstrativistas e concretistas faz com que defendam posições antagônicas, postulando os adeptos da "Teoria do Direito Autônomo e Abstrato" o entendimento da exceção como um meio genérico de defesa. Se a ação é o direito a uma sentença, mesmo que desfavorável - ou direito a aspirar a um direito - a exceção será o direito genérico de opor uma defesa, ainda que infundada.

Couture diz que: "também devemos admitir que dispõem da exceção todos aqueles que foram demandados em juízo e que a ele são chamados para se defender"[58]. Ugo Rocco define esta amplitude como: "quando,

---

[55] CHIOVENDA, Giuseppe. *Principios de Derecho Procesal Civil*, p. 315. ("*Excepción en sentido substancial*.-Preséntase como un contraderecho frente a la acción y por tanto como un derecho potestativo dirigido a anular la acción").

[56] Idem, p. 317. ("Cuando el demandado hace uso de la excepción substancial que le compete, la sentencia desestima la demanda, afirmando la inexistencia de la acción").

[57] ROCCO, Ugo. *Trattato di Diritto Processuale Civile*, vol.1, p. 307.

[58] COUTURE, Eduardo. *Fundamentos del Derecho Procesal Civil*, p. 95.("...también debemos admitir que disponen de la excepción todos aquellos que han sido demandados en el juicio y que a él son llamados para defenderse").

todavia, se fala em exceção, entende referir-se à particular atividade dirigida a contrastar o exercício de ação proposta pelo autor ou o direito substancial que afirma existir o autor"[59].

Ugo Rocco define a exceção como: "a faculdade processual compreendida no direito de contradizer em juízo, respeitante ao réu, de pedir que os órgãos jurisdicionais verifiquem a existência de um fato jurídico, que produza efeitos jurídicos relevantes, nos confrontos da ação exercida pelo autor"[60].

Neste sentido, exceção é o direito à verificação, ao *accertamento*, quanto à existência ou não dos fatos reputados extintivos ou constitutivos. Exceção é o direito ao exame do fato, não o próprio fato. Previsível, entretanto, a inexistência dos fatos alegados, com o acolhimento da demanda e conseqüente rejeição da exceção.

Os adeptos da "tese concretista" oporiam a pergunta: há a exceção quando esta é rejeitada? Seria afirmativa a resposta, se conceituada a exceção no amplo direito de defender-se; sendo oposta a exceção, embora não acolhida, houve exceção.

Os seguidores da proposição de Liebman, pensador tão importante no Brasil, pelo ingente grupo de adeptos que formou, adotaram posição intercalar quanto à ação, e, conseqüentemente, quanto à exceção. A posição de Liebman, quanto à exceção é, em definição, "concreta".

Como a ação é o poder subjetivo de obter a manifestação quanto ao direito material - direito a uma sentença de mérito - a exceção é o direito a uma sentença sobre fato extintivo ou impeditivo; ou ainda contra o fato

---

[59] ROCCO, Ugo. *Trattato de Diritto Processuale Civile*, vol.1, p. 307. ("Quando, tuttavia, si parla di eccezione, si entende riferirsi ad una particolare attività diretta a contrastare l'esercizio dell'azione proposta dall'attore o il diritto sostanziale affermato esistente dall'attore").

[60] Idem, p. 307. ("La eccezione è la facoltà processuale, compresa nel dititto di contradizione *in* giudizio, spettante al convenuto, di chiedere che gli organi giurisdizionali accertino l'esistenza di un fatto giuridico, che produca effeti giuridici relevanti, nei confronti dell'azione esercitata dallo attore").

constitutivo do autor. Por isso, "um direito processual análogo e contraposto à ação"[61].

Adotaram posições autônomas sobre a exceção Bolaffi, Redenti, Couture, dentre outros.

Bolaffi, autor da monografia *Le eccezione nel diritto sostanciale*, publicada em 1936, postula o direito de exceção como "um poder de impugnação ao direito substancial"[62].

Redenti, de forma diferente, pretende a equiparação entre ação-pretensão e exceção[63].

Couture, que professa tese constitucionalista para o direito de ação, em seu *Fundamentos del Derecho Procesal Civil*, vincula a exceção ao mais elementar princípio do processo, aquele que permite ao réu defender-se, o contraditório. O autor uruguaio empresta à exceção "caráter cívico", contido e protegido pela carta magna[64].

3.4. A POLÊMICA CARNELUTTI-CAPPELLETTI-LIEBMAN

As polêmicas marcaram o desenvolvimento do direito desde a gênese romana. Esses embates entre os juristas são o nascedouro de novas idéias e interpretações.

A ciência processual foi animada, no século passado, pela célebre polêmica entre Windscheid e Müther, sobre a *actio* romana, referida no item 3.1 deste trabalho.

Outros famosos debates se seguiram[65], embora esse, sobre as exceções, protagonizado por Carnelutti,

---

[61] LIEBMAN, Enrico Tulio. "Intorno ai rapporti tra azione ed eccezione", *Rivista di Diritto Processuale Civile*, ano 1960, pp. 449-452. *Manuale di Diritto Processuale Civile*, vol.I, p. 151. Contra a concepção da exceção como direito análogo ao direito de ação, insurgiu-se Carnelutti, com sua *ferina verve*, em polêmica que será analisada no item que segue.

[62] BOLAFFI, Renzo. *Le eccezione nel diritto sostanciale*, pp. 67-68.

[63] REDENTI, Enrico. *Diritto Processuale Civile*, vol.1, p. 59.

[64] COUTURE, Eduardo. *Fundamentos del Derecho Procesal Civil*, pp. 97 e 98.

[65] DINAMARCO, Cândido. *Fundamentos do Direito Processual Moderno*, p. 220. O processualista paulista examina as polêmicas entre Windscheid e

Cappelletti e Liebman, não tenha, no Brasil, repercutido nas revisões bibliográficas, pelo menos em toda a sua extensão. Travou-se a contenda, a partir da *postilla* de Cappelletti: *Nuovi fatti giuridici ed eccezioni nuove nel giudizio de rinvio*, publicada na *Rivista Trimestrale di Diritto e Procedura Civile*, ano de 1959; seguiram-se: a réplica de Carnelutti, *Un lapsus evidente?*, *Rivista di Diritto Processuale*, ano 1960; a participação de Liebman: *Intorno ai raporti tra azione ed eccezione*, na mesma publicação[66]; a resposta de Carnelutti a Liebman, *Eccezione e analisi dell'esperienza*, foi publicada da mesma *Rivista di Diritto Processuale*, ano 1960, e a tréplica de Cappelletti, *L'eccezione come contradiritto del convenuto*, saiu na *Rivista di Diritto Processuale*, ano 1961.

Inaugura a discussão, *Nuovi fatti giuridici ed eccezioni nuove nel giudizio de rinvio*[67], crítica formulada por Cappelletti, à jurisprudência da época, por negligenciar o único instrumento dogmático capaz de permitir a diferenciação entre fatos possíveis de apreciação de ofício pelo juiz, *ipso iure*, daqueles somente oponíveis pelo réu, conhecíveis mediante provocação, *ope exceptiones*[68].

Cappelletti, à época, jovem professor na Universidade de Macerata, sustentava a necessidade da manutenção da "diferenciação", já consagrada pela doutrina, entre os fatos que operam *ipso iure*, exceções em sentido impróprio, daqueles *ope exceptiones*, exceções em sentido próprio, ou substancial. A divisão exposta, considerada importante, do ponto de vista da teoria de Chiovenda,

---

Müther (*actio* romana); Mortara e Chiovenda (cláusula inibitória da execução provisória); Liebman e Carnelutti (título executivo e coisa julgada). Apontando para suas importâncias, por conduzirem "...à síntese esclarecedora de diversos problemas, de diversos institutos."

[66] Está publicada, também, nos *Problemi del Processo Civile*, p. 72.

[67] "Nuovi fatti giuridici ed eccezioni nuove nel giudizio di rinvio", *Rivista Trimestrale di Diritto e Procedura Civile*, ano 1959, pp. 1610-1620.

[68] Idem, p. 1620.

porquanto as exceções substanciais são o contradireito autônomo, dirigido a anular a ação do autor[69].

Conforme previra na nota 6 da *postilla*, confrontava tal postulação com os argumentos de Carnelutti, não tardando a contestação do experimentado diretor da *Rivista di Diritto Processuale*, entitulado, *Un lapsus evidente?*[70].

Com a veemência característica, Carnelutti refuta a "desatenção" de Cappelletti, na remissão de sua obra e mantém a crítica quando o jovem autor considera a exceção como conceito análogo ao da ação, "enquanto é propriamente a ação do réu sem qualquer necessidade de analogia"[71].

Mantém Carnelutti posição de que os fatos constitutivos devem ser alegados e provados pelo autor, e os fatos impeditivos ou modificativos ao réu caberá encargo idêntico, alegar e provar[72]. Atribui ao "ônus da afirmação", corroborando o princípio dispositivo; conclui pela invalidade da diferenciação encontrada em Chiovenda e referendada por Cappelletti.

As menções feitas por Carnelutti e Cappelletti trazem Liebman ao dissídio, provocado a enfrentar o primeiro, seu contumaz opositor. Ingressa na polêmica através de *Intorno ai rapporti tra azione ed eccezione*[73].

Liebman, neste trabalho, expõe a diferença entre princípio dispositivo e princípio da demanda, para validar a diferenciação entre os fatos que operam *ope excep-*

---

[69] "Nuovi fatti giuridici ed eccezioni nuove nel giudizio di rinvio", *Rivista Trimestrale di Diritto e Procedura Civile*, ano 1959, p. 1611.

[70] "Un lapsus evidente?". *Rivista di Diritto Processuale Civile*, ano 1960, pp. 446-449.

[71] Idem, p. 447. ("...mentre è propriamente l'azione del convenuto senza alcun bisogno di analogia.").

[72] Nota 6, "Nuovi fatti giuridico ed eccezioni nuove nel giudizio di rinvio", *Rivista Trimestrale di Diritto e Procedura Civile*, ano 1959, pp. 1611-12.

[73] "Intorno ai rapporti tra azione ed eccezione", *Rivista di Diritto Processuale Civile*, ano 1960, pp. 449-452.

tiones ou *ipso iure*, postulando pudessem ser acolhidos os últimos, sem ferir primeiro princípio. Mencionara Carnelutti, ainda, a falta de base para a conceituação da exceção como contradireito, aos que entendem a ação como o direito a uma sentença de mérito, referindo-se precisamente a Liebman. Contradita Liebman reiterando a inadmissibilidade de outra compreensão. "O modo de entender a ação influi, indubitavelmente, no modo de entender a exceção". E prossegue: "...Quem define a ação como o direito à sentença favorável, é lógico que conceba a exceção como *poder jurídico de anular a ação*...". "Quem, ao contrário, entende a ação como o direito ao juízo e por isso ao julgamento de mérito da demanda, é entretanto natural que defina a exceção como o direito ao juízo sobre o fato extintivo ou impeditivo, e por isso com um direito a que, no julgamento sobre a demanda, se judique sobre o fato a que se refere a exceção..."[74]

A réplica de Carnelutti a Liebman veio através da *Eccezione e analise dell'esperienza*[75]. Nesta segunda manifestação, o processualista retoma o conceito de exceção como "ato jurídico", equivalente à "pretensão", refutando a sua equivalência à "ação", pois esta não é ato, mas "relação jurídica"[76].

"O ato do réu, quando excepciona, não é pois a demanda, mas qualquer coisa de diverso, que dá a sua demanda um conteúdo diferente daquele que a deman-

---

[74] "Intorno ai rapporti tra azione ed eccezione", *Rivista di Diritto Processuale Civile*, ano 1960, p.452.("Il modo d'intendere l'azione influisce indubbiamente sul modo d'intendere l'eccezione..." "Chi definisce l'azione come il diritto alla sentenza favorevole, è logico che concepisca l'eccezione come il *potere giuridico di anulare l'azione*..." "Chi invece intende l'azione come il diritto al giudizio e perciò al provvedimento sul merito della domanda, è altrettanto naturale che definisca l'eccezione come il diritto al giudizio sul fatto estintivo od impeditivo e perciò come il diritto a che, nel provvedere sulla domanda, si giudiche anche sul fatto a cui si riferisce l'eccezione...").

[75] "Eccezione e analise dell'esperienza", *Rivista di Diritto Processuale Civile*, ano 1960, pp. 644-650.

[76] Idem, p. 646.

da possui quando, *ao contrário*, se limita a negar o fato afirmado pelo autor"[77].

Opina Carnelutti, ao final do trabalho, que a regra é a afirmação pela parte dos seus fatos, quando a lei não faz exceção a ela[78].

Cappelletti conclui a *polemicheta* com a participação na *Rivista di Diritto Processuale*, trabalho entitulado *L'eccezione come contradiritto del convenuto*[79], ratificando o que afirmara na participação antecedente, centelha do debate.

Reitera, na conclusão do texto, a importância da diferenciação entre exceções em sentidos próprio e impróprio, independente do conceito de ação e exceção adotados; defende maior amplitude de poderes do juiz para conhecer os fatos; abolição do sistema da disponibilidade da prova; e, finalmente, aponta o erro contido nas teorias concreta (Chiovenda) e mista (Liebman), por representarem idéias parciais do fenômeno ação-exceção.

Como a maioria das polêmicas jurídicas, esta não logrou convencer mutuamente os debatedores, mas proporcionou aos demais estudiosos a reflexão sobre este, que é considerado por muitos, como um dos mais complexos temas do processo civil.

---

[77] "Eccezione e analise dell'esperienza", *Rivista di Diritto Processuale Civile*, ano 1960, p. 645. ("L'atto del convenuto, quando eccepisce, non è dunque la domanda, ma qualcosa di diverso, che dà alla sua domanda un contenuto differente da quello che la domanda ha quando, invece, si limita a negare il fatto affermato dall'atore.").

[78] JAEGER, Nicola. *in Diritto Processuale Civile*, n. 54, p. 135, defende posição semelhante, atribuindo à lei, mais precisamente: "...dipende dalla volontà della legge...", a possibilidade do acolhimento de um fato, de ofício, pelo juiz.

[79] "L'eccezione come contradiritto del convenuto", *Rivista di Diritto Processuale Civile*, ano 1961, p. 266.

4

Sistemática brasileira das exceções

A apreciação dos institutos jurídicos, como ressaltado retro, deve se apoiar no desenvolvimento histórico dos mesmos[80].

Ao tempo do domínio imperial português, regia-se a matéria relacionada às exceções pelas Ordenações do Reino, reputadas por alguns autores como mais ampla que no atual[81], denotando na seqüência dos tempos a depuração da expressão.

Sem avaliar do ponto de vista relativo ao aperfeiçoamento teórico, houve, antes de tudo, um enxugamento da matéria, com a sucessiva retirada de instituições, antes abrigadas sob este conceito.

A inclusão de inúmeros institutos nas Ordenações do Reino foi diminuída no Regulamento 737/1850; reduzido ainda mais no CPC de 1939, para, no CPC de 1973, retirar-se ainda o que havia das denominadas "objeções", mantidas pelo Código anterior.

Desde o Regulamento 737/1850, não se situavam dentre as exceções aquelas defesas indiretas de mérito, assim permanecendo até hoje, como será visto ao apreciar cada legislação.

---

[80] Ver *infra* n. 1, notas 10 e 11.

[81] LIMA, Alcides de Mendonça. "A nova sistemática das exceções", *Revista de Processo*, n. 5, p. 63.

4.1. REGULAMENTO 737/1850

Regulamento 737, de 25 de novembro de 1850, norma processual de direito comercial, aplicada às causas cíveis por força do Decreto 763, de 19 de setembro de 1890, que generalizou sua vigência.

Dispunha no Capítulo V, *Das Exceções*, art. 74: "Nas causas comerciais só têm lugar as seguintes exceções: § 1º De incompetência e suspeição do juiz; § 2º De ilegitimidade das partes; § 3º De litispendência; § 4º De cousa julgada."

O art. 77 circunscrevia à contestação as demais exceções, bem como as exceções dilatórias ou peremptórias.

Como mencionado anteriormente, já no *Regulamento*, e antes dele, nas *Ordenações do Reino*, eram registradas sob a denominação de exceções apenas as defesas processuais indiretas; insertas, destarte, na contestação as defesas indiretas de mérito como prescrição, transação, exceção de contrato não cumprido e outras.

A presença da *litispendência*, § 3º do art. 74, e da *cousa julgada*, § 4º do mesmo artigo, *consideradas a posteriori* como "objeções"[82], visto poderem e deverem ser conhecidas de ofício[83], é ponto diferenciador do *Regulamento* em relação às legislações subseqüentes.

Paula Baptista, ao doutrinar sobre os meios de defesa, afirmava: "no campo da defeza o réo póde simplismente negar ou contestar os factos e fundamentos da acção, ou apresentar novos factos e razões para atacar a demanda, diffirindo-a ou perimindo-a. Dáhi

---

[82] Alcides de Mendonça Lima, referindo-se ao CPC de 1939 afirma que: "já na época, a doutrina tendia a chamá-las de 'objeções' quando o juiz pudesse conhecer da matéria por iniciativa própria, sem aguardar que fosse levantada pelo interessado; e de exceções as demais, as que dependiam de provocação da parte." (*in* "A nova sistemática das exceções", *Revista de Processo*, n. 3, p. 64).

[83] ARRUDA ALVIM, *Direito Processual Civil, teoria geral do processo de conhecimento*, vol. II, p. 5.

nasce a differença na theoria e muito mais sensivel na pratica, entre *contestação* e *excepção*, as quaes, tendo diversa natureza e diversos caracteres, também se devem reger por principios differentes"[84].

Perderam importância outras matérias que tinham apresentação sob a forma de exceção, quando vigente as *Ordenações*, que após o *Regulamento* passam a constituir a "defesa direta"[85], ou seja, contestação.

Merece destaque o magistério de João Monteiro quanto à *prevenção* que, embora não elencada no art. 74 do Regulamento, deve estar entre as exceções, pela leitura do art. 59 da mesma lei, quando assevera que a "citação inicial da causa torna a cousa litigiosa, induz a litispendência; *previne a jurisdição*..."[86]

Desta passagem, extraía o professor da Faculdade de Direito de São Paulo a classificação da *prevenção* como exceção, que deveria ser incluída em seguimento às quatro listadas no art. 74.

4.2. CPC DE 1939

O Código de Processo Civil unitário de 1939, que sucedeu os Códigos Estaduais, destinou os artigos 182 a 189 às exceções processuais, dividindo o Título V, *Das Exceções*, em dois capítulos: Capítulo I, *Disposições Gerais*, onde se situavam os prazos e forma para oposição destas defesas, 3 dias, além da enumeração das exceções de *suspeição* e *incompetência* nos mesmos autos, enquanto *litispendência* e *coisa julgada* em autos apartados.

O Capítulo II, dedicado à *Exceção de Suspeição*, incluía, além da suspeição propriamente, matérias típicas de impedimento.

---

[84] BAPTISTA, Francisco de Paula. *Compendio de theoria e pratica*, p. 133.
[85] MONTEIRO, João. *Programa do curso de Processo Civil*, § 110, II vol., p. 66.
[86] Idem, pp. 66-68.

Em cotejo ao diploma anterior, houve apenas a exclusão da *ilegitimidade das partes*, matéria apresentada a partir de então como preliminar de contestação, não mais como exceção[87].

Reduzia-se ainda mais, assim, o espectro das exceções, remetendo para a contestação as matérias processuais de defesa indireta.

Criticado pela forma pouco técnica de disposição[88], sem relacioná-los taxativamente, defeito que só seria corrigido no CPC de 1973. A forma preservava a tradição, com diferenciação no prazo *preclusivo* dos 3 dias, embora fosse entendimento de parte da doutrina, a possibilidade de apresentação das exceções, em preliminar de contestação, quando ultrapassado o prazo do art. 182[89].

Em definitivo, arremessa-se para a contestação as demais alegações, sejam as exceções rejeitadas em preliminar como as defesas indiretas de mérito, *exceções substanciais*, como de resto fora sob o império do Regulamento 737/1850, que antecedeu o CPC de 1939.

4.3. CPC DE 1973

A depuração terminológica só seria lograda com o Código de 1973, dispondo, de forma sistemática, no art. 304 quais são as exceções: incompetência, impedimento e suspeição.

As demais defesas processuais são apresentadas em preliminar à contestação, por força do art. 301 do mesmo diploma, incluídas a incompetência absoluta, litispendência, coisa julgada, incapacidade de partes, dentre outras.

---

[87] LIMA, Alcides de Mendonça. "A nova sistemática das exceções", *Revista de Processo*, n. 3, p. 63.

[88] Idem.

[89] REZENDE FILHO, Gabriel José Rodrigues. *Curso de Direito Processual Civil*, vol. 2, n. 531, p. 129.

As demais defesas, sejam diretas ou indiretas de mérito, são abarcadas pela contestação. Chegou-se ao clímax de depuração, como reclamava a doutrina, acolhendo por inteiro o Anteprojeto Buzaid, definindo o Capítulo II como a *Resposta do Réu*, gênero das atitudes que podem ser tomadas pelo demandado.

Elogiada a mudança pela titulação de *Resposta do Réu*, abrangendo a Reconvenção, excluída do âmbito da "defesa", porquanto contra-ataque[90].

Aplaudida[91] também a purificação do conceito das exceções, restrito nesta lei às exceções processuais, opinião que não foi unânime, sofrendo a crítica de Calmon de Passos, que lamentou quando com a "depuração técnica às avessas emendou-se o Código para expurgir a palavra exceção, onde ela aparecia em sua conotação substancial, substituindo-a por defesa. Pena que não se tivesse feito o inverso, retirando-se do Código juntamente a denominação de "exceção" para a defesa de conteúdo meramente substancial."[92]

O comentador baiano, em apelo histórico elogiável, pretendia a recuperação do primitivo sentido da expressão, superada a confusão do Anteprojeto Buzaid e a opção depurativa eleita pelo Código.

Não há conflito, contudo, quanto à posição das defesas indiretas de mérito, pela leitura do art. 300 do CPC, quando impõe ao réu alegar na contestação toda a matéria de defesa.

Assim o entendimento unânime da doutrina[93].

---

[90] LIMA, Alcides de Mendonça. "A nova sistemática das exceções", *Revista de Processo*, n. 3, p. 65.

[91] Nota n. 5, referindo manifestação de Barbosa Moreira, ao início deste trabalho.

[92] PASSOS, José Joaquim Calmon de. *Comentários ao CPC*. vol. III, n. 189, p. 307.

[93] PASSOS, José Joaquim Calmon de. Obra citada, n. 188, p. 303.

Capítulo II
A EXCEÇÃO SUBSTANCIAL DE USUCAPIÃO

Diversos são os comportamentos possíveis ao demandado: afastar a pretensão por defeitos processuais diretos ou indiretos; contestar ou alegar defesas indiretas de mérito.

No campo das defesas indiretas de mérito, também chamadas exceções substanciais, encontra-se aquela em que o réu, quando chamado à instância, tendo como objeto do processo o *bem que possui com ânimo de dono* alega tê-lo usucapido.

As raízes deste ato do réu estão nas mais remotas origens do Direito, tendo, ao longo dos séculos, adquirido os contornos hoje conhecidos, além de requinte.

Situa-se dentre outras defesas substanciais indiretas, mas pela peculiaridade do direito posto em causa, instiga o debate doutrinário há muito.

Apreciar suas nuances, seus rigores formais, suas exigências e os efeitos produzidos é o objetivo desta segunda etapa do trabalho.

5

Origens romanas do instituto

Induvidosa é a filiação do Brasil à família jurídica romanística, como ficou registrado na fase inaugural deste trabalho.

Para que seja situado o surgimento da *exceção de usucapião*, ponto nodal desta fase do trabalho, impõe-se a tarefa de dividirmos o Direito Romano em suas fases históricas: Direito Antigo (até 100 a. C.), Direito Clássico (de 100 a. C. até 211 d. C.); Direito Pós-Clássico (de 211 d.C. até 527 d.C.) e Direito Bizantino-Justanianeu (de 527 d.C até 565 d.C.).

Aparentemente importante tão-somente aos romanistas mais vetustos, é de valor significativo a divisão que demarca a *fase pós-clássica*, período de declínio do *Império*, delimitada pela constituição de Caracala, 211 d.c., origem da intersecção dos dois institutos: *praescriptio longi temporis* e *usucapio*.

A apreciação destas fases e dos dois institutos permite situar o nascedouro da intercomunicação de ambos[94], como também razão da aceitação do usucapião enquanto meio de defesa.

5.1. "USUCAPIO DO IUS CIVILE" (FORMA AQUISITIVA)

A *usucapio* tem origem anterior à Lei das Doze Tábuas (451 a.C.), nesta constando com o seguinte teor:

---

[94] A divisão segundo esta denominação pode ser encontrada em: MACKELDEY, F., *Elementos del Derecho Romano*, § 18, p. 75.

"*usus auctorictas fundi biennium, ecterarum rerum annuus esto*"[95].

O *usus* (*possessio*) transformaria-se em domínio, isto é, *usu capere, usucapio*[96]. O sentido primeiro de posse era apropriação, havendo convergência de significação entre os vocábulos *usus* e *possessio*.

No Direito Antigo, tinha como requisitos:a) posse; b)coisa hábil: sujeitavam-se à aquisição por usucapião as *res commercium*, ficando excluídas as *res extra commercium*; c) tempo: o tempo necessário para que se adquirisse era de dois anos para os fundos (terras), e de um ano para as demais coisas. Quanto à contagem do tempo, embora carecesse de clareza, parece que era contínuo. Não havia, neste período, nenhuma referência a outros requisitos constituidores do usucapião (boa-fé, justo título), que subseqüentemente seriam exigidos.

O principal efeito do usucapião era gerar a aquisição do domínio sobre o bem. O possuidor adquiria o *dominium* pela permanência na posse de coisa hábil, por certo tempo, acompanhada dos encargos e gravames, por ventura, existentes.

No Direito Clássico, mantém-se o conceito de *usucapio*, sendo, precisamente, deste período a referenciada citação de Ulpiano, cuja tradução é: *usucapião* é a aquisição do domínio pela posse continuada de um ano ou biênio, coisas móveis um ano, imóveis biênio.

As alterações havidas no usucapião estavam relacionadas com a maior complexidade adquirida pelo direito. Tais mudanças refletiram na coisa hábil e na pessoa capaz de adquirir por usucapião.

Quanto à pessoa, por ser a *usucapio* uma instituição do *Ius Civile*, somente os *civitas* ou *quirites*, ou seja, genuínos cidadãos romanos, poderiam ter acesso a este modo de aquisição. Tal exigência impedia os não-roma-

---

[95] BONFANTE,Pietro.*Instituciones de Derecho Romano*, § 90, p. 284.

[96] ARIAS RAMOS, J. *Derecho Romano*, vol. I, § 128, p. 246.

nos do acesso ao domínio *ex iure quirintum*. Portanto, a cidadania era fator limitante da aquisição por usucapião, bem como outras restrições políticas (em relação à mulher, ao pupilo etc., por exemplo).

Neste período, consolida-se a possibilidade de união de posses, sem maiores alterações sobre os demais requisitos. Dentre as coisas hábeis, incluíam-se todas as coisas corpóreas, *mancipi* ou *nec mancipi*. Entre as primeiras estavam, por exemplo, os campos, as casas itálicas, servidões, escravos, bois; entre as segundas estavam, por exemplo, dinheiro, jóias, cordeiros, cabras e outro animais.

Como coisas não possíveis de aquisição por usucapião estavam as terras provinciais, que pertenciam ao Estado, as coisas incorpóreas, insuscetíveis de posse por natureza, as coisas furtadas, que não geravam aquisição desde a Lei das Doze Tábuas para o ladrão, vedação que a Lei *Atinia* estendeu ao adquirente de boa-fé, das *res vi possessae*, corroborando a proibição introduzida pela Lex *Juliae*, quanto ao adquirente de boa-fé[97].

Há neste período referências ao justo título ou uma causa justa, um ato jurídico válido, que dava início à posse, suprindo, caso houvesse, o defeito da posse anterior. Como no negócio jurídico entre o alienante e o adquirente, onde faltasse a *transmissão* entre um e outro, mantendo defeituosa a aquisição, corrigível através do usucapião.

Também a boa-fé, "*bona fides*", crença de ter adquirido a coisa de seu verdadeiro dono, adquire relevância[98].

Mantém-se o efeito original. Presentes os requisitos exigidos, o usucapiente ficaria equiparado ao adquirente por *mancipatio* ou por *iure cessio*[99], pois o principal

---
[97] BONFANTE,Pietro.*Instituciones de Derecho Romano*, § 90, p. 284.
[98] Idem, p. 285.
[99] Formas de aquisição de bens segundo o *Ius Civile*.

efeito do usucapião era gerar, mediante o cumprimento de seus requisitos, o domínio. Persistiam, porém, os gravames que a coisa tivesse (hipotecas, servidões).

O Direito Pós-Clássico marca a transição da sociedade romana. O conceito de usucapião entra em crise. Duas alterações políticas sucessivas mudaram as exigências em relação ao sujeito ativo e quanto à coisa hábil. A Constituição de Caracala (212 d.C.) estendeu a todos os habitantes do Império *a condição de cidadãos romanos*, antes só concedidas aos nativos da península e aos nobres. Um século depois, sob o Império de Diocleciano (305 d.C.), desapareceu a distinção entre fundos itálicos e fundos provinciais e, portanto, quanto aos imóveis hábeis de serem usucapidos.

Suprimida a restrição de ordem subjetiva, com o alargamento da condição de cidadania, e desaparecida a restrição de ordem objetiva, pela indiferenciação entre os fundos, foi majorada a importância do usucapião.

Até Diocleciano (305 d.C.), a res habilis permaneceu conforme o entendimento do Direito Antigo. Depois, houve a equiparação de fundos itálicos e provinciais, ambos, salvo os impedimentos existentes, passíveis de usucapião.

A *usucapio*, com o desaparecimento do *Ius Civile* e do *Ius Honorarium*, passou a ser uma das formas de aquisição do bem, como, por exemplo, a *traditio*.

5.2. "PRAESCRIPTIO LONGI TEMPORIS DO IUS GENTIUM" (MEIO DE DEFESA)

Também denominada *exceptio longi temporis* ou *longae possessionis*, a *praescriptio* surgiu durante o Período Clássico, como meio de defesa da posse, embora só tivesse aparecido sob a forma escrita no ano de 199 d.C.

A origem do instituto fora atribuída ao Direito grego[100], importada para preencher as lacunas do *Ius*

---
[100] ARIAS RAMOS, J., *Derecho Romano*, vol.I, § 128, p. 248.

Civile, etnocentrista e protetivo, vindo a ser o meio de defesa da posse de terras provinciais, por peregrinos ou não-romanos. Instituto do *Ius Gentium*, adstrito aos peregrinos, as *extras gentes*, conforme Ulpiano.

Exigia-se a posse, *longae possessionis*, (ânimo do dono, sobre a coisa, e sem interrupção), com os demais requisitos. Só se prestava à *praescriptio longi temporis* como meio de defesa, oposto pela exceção de longa posse, para as terras provinciais, que poderiam ser públicas (*ager publicus*) ou privadas (*ager privatus*), estando essas últimas sujeitas à defesa por meio da *praescriptio*.

A duração da posse era prolongada: dez anos entre presentes e vinte anos entre ausentes. Consideravam-se presentes os moradores da mesma cidade e ausentes os que estivessem fora dela. Tal critério foi, posteriormente, alterado, passando a serem presentes os que estivessem domiciliados em uma mesma província.

A interrupção tinha o efeito de impedir o curso da *praescriptio*, por ato de abandono do possuidor, ou por processo judicial do proprietário contra o possuidor. O efeito principal era o impedimento a converter o tempo já contado, quando reiniciado após a interrupção.

Há registros da necessidade de justo título em relação às propriedades provinciais; o justo título não era revestido da solenidade, que fora próprio do *Ius Civile*, havendo, inclusive, variantes de província para província, em virtude da diversidade de territórios conquistados.

Também a *bona fides* era outro requisito comum entre a *usucapio* e a *praescriptio longi temporis*, consistia na certeza de que o alienante era o dono da coisa. Este requisito de caráter subjetivo consistente na certeza de que a posse da coisa não estaria lesando o direito de outrem.

Nos efeitos se encontra o ponto nodal da diferenciação. Sem ter a eficácia aquisitiva, característica da *usuca-*

pio e das propriedades quiritárias, a *praescriptio* exercia um efeito defensivo da posse longa. Assim, os magistrados provinciais rechaçaram as ações reais interpostas à posse de fundos provinciais, através da *exceptio*.

O efeito da *praescriptio longi temporis* era anular a pretensão, veiculada pela ação real, que visaria ao afastamento do possuidor do bem[101].

Entre as ações honorárias, havia as *in factus* e as *in ius conceptae*. As *in factus* o pretor vinculava imediatamente o efeito da condenação à existência de determinado acontecimento. As *in ius conceptae*, denominadas fictícias, o pretor, no *Ius Civile*, tinha o parâmetro comparativo, extraindo, assim, ou a condenação ou a absolvição.

As ações do *bonorum possessor* incluem-se entre as fictícias, porque buscavam, muitas vezes, nos requisitos da *usucapio*, as exigências para a conquista de direitos do *Ius Gentium*. Eram ações fundadas em normas externas ao *Ius Gentium*.

O Direito Pós-Clássico marca a profunda crise romana que se incorpora ao Direito, fatos históricos sinalizam estas mudanças. A Constituição de Caracala (212 d.C.), introduziu significativa alteração no conceito de cidadania, estendendo essa condição a todos os súditos do Império. O processo codificador prosseguia: Gregoriano (292 d.C.), Hermogeniano (294 d.C.) e Diocleciano (305 d.C.)[102].

Em 324 d.C., a Corte foi transferida de Roma para Bizâncio, no estreito de Bósforo, capital do Império do Oriente.

O fim da distinção entre fundos romanos e provinciais foi introduzido por Diocleciano (305 d.C.). Houve, também, a extinção do direito de ação após trinta anos sem exercê-lo, Teodósio II, (424 d.C.).

---

[101] BONFANTE, Pietro. *Instituciones de Derecho Romano*, § 90, p. 287.

[102] FRANCISCI, Pietro de. *Síntesis histórica del Derecho Romano*, p. 402, 673.

Tais alterações, conjuntamente com mudanças culturais e políticas (o Cristianismo passara a ser a religião oficial do Império, as invasões bárbaras), repercutiram no Direito romano.

Subordinado a tais mudanças, o Direito e, particularmente, a *usucapio* e a *praescriptio*, sujeitaram-se a violentas controvérsias, cuja solução somente seria encontrada no Período Bizantino-Justanianeu.

Alguns autores registram mudança dos efeitos da *praescriptio longi temporis*, ganhando caráter de aquisição, pois anteriormente servia apenas como meio de defesa da posse contra as ações reivindicatórias.

Além da *praescriptio longi temporis*, havia a *praescriptio longissimi temporis*, quarentenária, modalidade de prescrição criada por Constantino, no início do século IV d.C., a fim de servir de meio de defesa contra qualquer ação interposta pelo proprietário ou por terceiros.

Exigia-se coisa hábil, tempo de 40 anos, justo título e boa-fé. O efeito da *praescriptio longissimi temporis* era apenas extintivo, servindo apenas de meio de defesa contra ações reivindincatórias.

Outro instituto era a *praescriptio longissimi temporis*, trintenária, chamada também *praescriptio triginta annorum*, criada por Teodósio II (424 d.C.)[103], com a função de ser meio de defesa da posse trintenária contra ações pessoais ou reais, exceto as de natureza hipotecária. Como a *praescriptio longi temporis* do Direito Clássico, antepunha-se às ações reivindicatórias do proprietário.

Para alguns, como Eugene Petit, a prescrição trintenária tinha só efeito extintivo[104] - servindo como meio de

---

[103] ARIAS RAMOS, J. *Derecho Romano*, vol. I, § 128, p. 250.

[104] PETIT, Eugene. *Tratado elemental de Derecho Romano*, n. 212, p. 310. "...en Bajo Imperio se mejoró a consecuencia de una constitución de Teodosio II, que decide que todas las acciones personales o reales, salvo la acción hipotecaria, sean extinguidas en principio, al cabo de treinta años (L. 3. pr., C., de praescr. trig., VII, 39, año 424). Así que después de este término el poseedor de mala fe cesa de estar expuesto a la *rei vindicatio* del propietario; pero no adquire la propiedad, y si es desposeído, no tiene la *rei vindicatio*."

defesa da posse contra as reivindicatórias; outros, como Arias Ramos, atribuíam à prescrição trintenária efeitos diversos[105]. As opiniões não são unânimes, restando dúvidas quanto ao efeito aquisitivo desse instituto.

5.3. A FUSÃO DOS INSTITUTOS

A obra compiladora de Justiniano, além de trazer para a posteridade o Direito Romano anterior, pretendeu sanar as contradições nascidas dos embates dos períodos anteriores.

Com a extensão da cidadania romana a todos os homens livres do Império (Caracala, 212 d.C.) e com a indistinação entre fundos itálicos e provinciais (Diocleciano, 305 d.C.), resultou que os dois institutos em exame passaram a ter função semelhante. Esse inócuo paralelismo somente seria sanado com a fusão da *usucapio* e da *praescriptio longi temporis*, ficando o primeiro instituto para aquisição de móveis e semoventes, e o segundo instituto, para aquisição de imóveis, quando da obra compiladora de Justiniano (532 d.C.).

Exigia-se para tanto posse sem vícios, não-precária, não-clandestina e não-violenta (*nec vi, nec clan, nec precario*); coisas hábeis são: na *praescriptio* aquisitiva, a propriedade imóvel, excluídas as coisas fora do comércio: ar, água, teatros, praças, ruas, templos, túmulos, muralhas, as coisas subtraídas com violência ou furtadas, as coisas recebidas pelo magistrado como doação, os imóveis adquiridos com má-fé, as coisas do príncipe, do fisco e dos incapazes, os imóveis da Igreja e fundações pias e os bens dotais. Na *usucapio* transformada: eram os bens móveis e semoventes, com os mesmos impedimentos da *praescriptio* aquisitiva.

---

[105] ARIAS RAMOS, J. *Derecho Romano*, vol.I, § 128, p. 248.

O tempo: na *praescriptio* aquisitiva: era de dez anos entre presentes e vinte anos entre ausentes, conforme o tempo da *praescriptio longi temporis*, admitidas a *acessio possessionis* e a *sucessio possessionis*; na *usucapio* transformado: Justiniano unificou o prazo para aquisição de bens móveis, que passou a ser de três anos.

O justo título: era imprescindível a presença de justo título, considerados os títulos *pro emptore, pro donato, pro dote, pro soluto, pro suo, pro legato* e *pro derelicto*. Quanto à *usucapio pro herede*, Justiniano reconheceu as duas causas anômalas: a do herdeiro verdadeiro sobre coisas falsamente hereditárias e a do herdeiro aparente que possuiu de boa-fé coisas hereditárias sem direito sobre elas. Suprimiu-se das *Institutas* as passagens referentes ao herdeiro aparente, não reconhecendo esta forma de usucapir.

Assim também a boa-fé, requisito subjetivo, manteve-se como anteriormente, salvo quanto à má-fé superveniente no título *pro soluto*, ao qual, segundo Justiniano, associado à *escola dos proculeianos* e antepondo-se aos *sabinianos*, exigia-se a boa-fé em todo o tempo da posse.

Os efeitos de ambos passam a ser aquisitivos, geradores do domínio, mediante o preenchimento dos requisitos exigidos.

Além dos institutos fundidos por Justiniano, conforme referência descrita aqui, permaneceram as demais espécies do Período Pós-clássico: *praescriptio longissimi temporis* - quarentenária - e a *praescriptio longissimi temporis* - trintenária.

5.3.1. A *usucapio* e a *praescriptio longi temporis* no direito comum e medieval

Sob a vigência do Direito Comum nas terras da península ibérica, imperava primeiramente um "mosaico jurídico" remanescente da passagem romana, sucedido pelo *Codex Wisigothorum* (*Fuero Juzgo*, *Liber Indicum* e outros).

Não há no *Liber Gothorum*[106] menção à *praescriptio longissimi temporis;* presente entretanto a *usucapio* no *Fuero Juzgo*, com prazo de 30 anos, Livro X, título 2, lei 3[107]. Não incide, em princípio, no Condado Portucalense, o que se denominou *Corpus Iuris Civile*, conjunto de legislações romanas compiladas sob mando de Justiniano. As influências são das normas visigóticas e canônicas, na maioria originadas dos reinos fronteiros de Castela, Leon e outros.

Lobão asseverou: "na prescrição de 30 anos se não exigia boa-fé, nem no princípio, nem no progresso dela. O Direito Canônico depois precisa a boa-fé em todas essas espécies de prescrições... Nossa antiga Legislação seguia o Direito Romano; mas uma Lei do Senhor D. João III mandou observar o Direito Canônico. É esta razão por que na Compilação Filippina L. 4, T. 3 se adicionarão estas palavras (que não estavam na Manoelina) - Salvo se constar a má-fé dos sobreditos, porque então em nenhum tempo poderão prescrever."[108]

Pelo que se expôs, a influência das obras de Justiniano, presente na terminologia denominadora de *praescriptio* para a prescrição de 30 anos sobre bens imóveis, fez-se de forma indireta, isto é, pelo Direito Canônico, mandado aplicar em superposição às legislações anteriores.

---

[106] O *Liber Gothorum* é a primeira legislação da tradição luso-brasileira.

[107] CARRION, Felipe Machado. "Usucapião extraordinário antes do Código Civil Brasileiro". *Revista Jurídica*, n. 20, p. 75.

[108] LOBÃO, *Dissertações jurídico práticas*, citado por Felipe Machado Carrion, obra citada, pp. 76-77.

6

Usucapião

O usucapião é conceituado como *"usucapio est adjectio dominii per contimationem possessionis temporis legi definit"*, segundo definição creditada a Modestino. Essa significação está ampliada na atualidade, porquanto possível a aquisição de outros direitos, mesmo que limitados, e não somente a propriedade, pelo usucapião.

Reconhecer direitos importa por outro lado o transposição de um *iter* processual, que no usucapião se consuma com a procedência do pedido formulado, que tenha como fito a declaração por sentença da aquisição do bem pela posse continuada.

No âmbito deste trabalho, é importante colacionar o debate que envolve a doutrina e a jurisprudência sobre formas de "provocação da jurisdição" para o reconhecimento do usucapião, que será dividida em reconvenção, declaratória incidental, ação própria e exceção.

6.1. RECONVENÇÃO

Reconvir é opor ação conexa contra o autor, no mesmo processo. Lê-se no art. 315 do CPC: "O réu pode reconvir ao autor no mesmo processo, toda vez que a reconvenção for conexa com a ação principal ou com o fundamento da defesa".

A reconvenção é a tomada da ofensiva pelo réu[109], ultrapassando a postura impugnativa, característica da atitude do demandado.

Exige-se, para que seja admitida a reconvenção, a conexão entre esta e a ação ou com o fundamento da defesa. Ademais os procedimentos têm de ser compatíveis.

Não se confunde com a exceção, pois: "Enquanto a exceção é um meio de paralisar a ação do autor e, embora trazendo questões novas ao processo, não amplia o tema da ação, a reconvenção dilata-o, forçando o juiz não só a decidir se o autor tem ou não razão, isto é, se a ação é ou não procedente..."[110]

Com maior precisão, estabelecendo diferença entre ambas, pondera Ovídio Baptista da Silva: "A diferença fundamental entre a posição do réu que suscita a *exceção substancial* e a daquele que propõe uma demanda reconvencional, está em que o primeiro simplesmente se defende, ao passo que o *reconvinte age* contra o autor. O 'objeto do processo' que se mantém inalterado na primeira hipótese, alarga-se e se duplica com a propositura de demanda reconvencional (Marco Dini, ob. cit., 87)."[111]

No que pertine ao usucapião, alguns obstáculos se erguem: a ação é guiada por procedimento *incompatível* com diversas demandas, notadamente quanto aos imóveis[112], rito processual de árdua afinidade, em virtude das citações, intimações e intervenções próprias; a renúncia ao rito especial, neste caso, redundaria na abso-

---

[109] SANTOS, Moacyr Amaral. *Da reconvenção no direito brasileiro*, n. 41, p. 116.

[110] SANTOS, Moacyr Amaral. Obra citada, n. 49, p. 139.

[111] BAPTISTA DA SILVA, Ovídio, *Curso de Processo Civil*. vol. I, p. 261.

[112] O procedimento para o reconhecimento do usucapião de bens imóveis é especial, arts. 941-945 do CPC, com citações e intimações singulares, acrescida da participação do Ministério Público, enquanto o dos bens móveis poderá se desenvolver pelos procedimentos sumário do art. 275 do CPC ou comum ordinário.

luta inutilidade da reconvenção, pois não lograria a economia processual, apontada como maior vantagem. Em se tratando de móveis, onde o procedimento poderá ser o comum sumário do art. 275 do CPC ou o comum ordinário, não se poderá afirmar o mesmo, visto que o rito pode se compatibilizar com maior facilidade. Mas aqui, por interpretação sistemática, se rejeitará a reconvenção com usucapião, mesmo se sabendo que poderia existir vantagem, pela desnecessidade da ação autônoma.

A doutrina não é pacífica quanto à reconvenção com usucapião de bens imóveis e silente quanto aos móveis. Postula uma pequena fração dos autores pela possibilidade da demanda reconvencional de usucapião, em oposição à jurisprudência dominante, que, desfavorável, também não é unânime[113].

Perfilam-se em posição adversa a admitir a *ação reconvencional de usucapião* Adroaldo Furtado Fabrício[114] e Nélson Luiz Pinto[115], dentre outros[116].

Na jurisprudência também há postura contrária, em ação demarcatória cumulada com reivindicatória foi inadmitida a ação reconvencional de usucapião, por incabível[117].

Bem assim, a reação reconvencional do antigo proprietário ao usucapiente (na ação de usucapião), consi-

---

[113] O acórdão publicado na *Jurisprudência Tribunais RJ*, setembro de 1989, p. 5: "Apesar de ser ação de rito especial não há incompatibilidade no oferecimento de reconvenção com pedido de usucapião em reivindicatória, de rito ordinário." (Acórdão unânime da 8ª Câmara do TJRJ, de 20.6.89; Ap. 424/89. (RJCPCB, vol.II, p. 156). Em sentido oposto: "A ação de usucapião é originária e direta, sendo inadmissível a sua postulação pela via reconvencional." (Acórdão da 4ª Câmara do TJMG, de 19.11.79, Agravo 15.521). (RJCPCB - vol.II, p. 232 e RT 540/182).PONTES DE MIRANDA, *Tratado das ações*, vol.II. p. 255.

[114] FABRÍCIO, Adroaldo Furtado. *Comentários ao CPC*, vol.VII, tomo III, n. 455, p. 397.

[115] PINTO, Nélson Luiz. *Ação de usucapião*, n. 4.14, p. 154.

[116] NASCIMENTO, Tupinambá Miguel Castro do, *Usucapião*, n. 19, p. 105.

[117] Jurisprudência comentada por Paulo Roberto Hapner, publicada na *Revista de Processo*, n. 24, pp. 347-350.

derada hábil como contrapostulação por Nélson Luiz Pinto[118], mas inadmitida por outros[119].

6.2. DECLARAÇÃO INCIDENTAL

Declarar incidentalmente é decidir no curso do processo, sobre "questão", controvertida que seja, *preliminar* ou *prejudicial* à questão principal, mediante pedido de uma das partes.

Em regra, só há exame da questão prejudicial mediante provocação para tanto, através da proposição da ação indicidental, capaz de declarar a existência ou não da alegação. Sem provocação não há decisão acerca da questão.

Só se alcança a eficácia de coisa julgada, decisão, quando há pedido; para tanto, necessariamente haverá a ação[120]. Neste caso, a "questão prejudicial", além de integrar o caminho percorrido pelo juiz para chegar à decisão, ganha o selo de coisa julgada, sem o limite do art. 469, inc. III, do CPC.

Tem por fito, portanto, impor o manto da coisa julgada sobre ambas as questões: principal e incidente, como economia processual, ou seja, evitando futura demanda ou decisão contraditória.

Relativamente ao usucapião, tende amplamente a doutrina a invalidar a declaratória incidental como ação válida capaz de reconhecer e decidir a existência do usucapião.

Pontes de Miranda desponta neste viés: "O emprego da ação incidente teria a inconveniência de ser a sentença favorável ao réu com o julgamento do incidente (arts. 5º e 325), porque não teria a sentença eficácia

---

[118] PINTO, Nélson Luiz. *Ação de usucapião*, n. 4.14, p. 153.

[119] INOCÊNCIO, Antônio Ferreira. *Ação de usucapião e ação de retificação de área e de alteração de divisas no registro imobiliário*, p. 173.

[120] BARBI, Celso Agrícola. *Ação declaratória principal e incidente*. pp. 201-203.

erga omnes que serviu ao que colima a sentença favorável na ação de usucapião, principalmente para o mandado no registro de imóveis"[121].

Desta forma, a ocasional vantagem oriunda da ação incidente não existiria, pelo menos relativamente aos bens imóveis, porque nova ação teria de ser proposta, como forma de efetivar as citações, intimações e intervenções inavidas. Quanto aos móveis, outro poderia ser o ganho, com a possível desnecessidade da segunda demanda, apontando para a existência da propalada economia processual. Neste ponto se nota a pequena diferença existente entre reconvenção e declaratória incidental, há muito denunciada pelos processualistas.

Acorde a manifestação de Adroaldo Furtado Fabrício, pela inadmissibilidade da ação incidental de usucapião, embora faça o autor a ressalva restritiva aos bens imóveis[122]. Corroborada por outros doutrinadores[123].

A jurisprudência não é muito prolífera neste sentido, sendo raros os acórdãos em qualquer dos sentidos.

Outro ponto a observar, quanto à ação declaratória, incidental diz respeito à oponibilidade desta na ação de usucapião. Emudecem os autores, entretanto, sem definirem pela possibilidade de manifestar-se o demandado com usucapião, pedindo declaração incidental.

6.3. AÇÃO PRÓPRIA

"O domínio se adquire, através do usucapião, pela posse como normativamente qualificada *mais* o decurso do tempo previsto em lei"[124].

---

[121] PONTES DE MIRANDA. *Comentários ao CPC*, vol. XIII, art. 942, p. 363.

[122] FABRÍCIO, Adroaldo Furtado. *Comentários ao CPC*, vol.VIII, tomo III, n. 455, p. 397.

[123] PINTO, Nélson Luiz. *Ação de usucapião*. n. 4.14, p. 154.

[124] NASCIMENTO, Tupinambá Miguel Castro do. *Usucapião*, n. 44, p. 191.

A via reputada como hábil para o reconhecimento e a declaração do usucapião é a ação própria, onde o possuidor provoca a decisão, como autor, para *ver declarado o direito outrora constituído*.

Busca com a ação e com o provimento a declaração, porque o efeito constitutivo já fora alcançado com a completude dos requisitos, segundo a maior parte da doutrina[125].

No CPC atual encontra-se disciplinada entre os procedimentos especiais de jurisdição contenciosa, artigos 941 a 945, se imóvel o bem que se pretende usucapir.

Extrai-se da normatização deste procedimento especial todas as peculiares características que o compõem, quando imóveis: necessidade da indicação da causa de pedir próxima e remota; descrição do bem - acompanhamento de planta topográfica; citação pessoal do réu certo; citação edital dos interessados; citação dos confinantes, equiparados a réus; intimação das Fazendas Municipal, Estadual e Federal; intervenção do Ministério Público; pedido de declaração da aquisição e de mandado ordenando a transcrição no Registro de Imóveis.

Relativamente aos bens móveis, com as alterações produzidas em 1995, nova interpretação é exigida. A Lei 9.099/95 (Lei dos Juizados Especiais Cíveis e Criminais) avocou para si quase totalmente a competência do antigo sumaríssimo, criando uma espécie de rito disponível. Em contrapartida, a Lei 9.245/95 (novo procedimento comum sumário), excluiu do inc. II, letra *a*, as causas que versem sobre posse e domínio de coisas móveis e semoventes, obturando esta angosta via processual, anteriormente utilizada para o processamento do usucapião de bens móveis.

Por conseguinte, só seguirá pelo procedimento comum sumário o usucapião de bem móvel cujo valor não

---
[125] Ver infra, n. 11.3.

ultrapassar o limite de 20 salários mínimos, art. 275, inc. I; nos demais casos, o processamento foi arremessado ao rito comum ordinário.

Mesmo assim, mantém-se como ação única, dispensando a proposição de ação executiva, ao molde do usucapião de imóveis, e também como as demais ações declaratórias.

Por esta soma de exigências processuais, transforma-se a ação de usucapião de imóveis em obstáculo às vias reconvencional e da declaração incidente, senderos que, mesmo sob esforço, não logram alcançar todos os efeitos obtidos com a ação própria.

6.4. EXCEÇÃO DE USUCAPIÃO

A exceção difere da ação declaratória incidental porque nesta o autor pede que o juízo declare a existência da relação jurídica nova, com força de *res iudicata*. A exceção é tão-só meio de obstar o pedido do autor, defesa simplesmente[126].

A exceção afasta-se da reconvenção porquanto nesta a reconvinte transporta-se para a posição de autor, que pede; postulando como o primitivo autor a tutela jurisdicional. As ações são duas, com ampliação do *thema decidendum*[127].

Ovídio Baptista da Silva, citando Mario Dini, pontifica: "O 'objeto do processo' que se mantém inalterado na primeira hipótese, alarga-se e se duplica com a propositura da demanda reconvencional."[128]

---

[126] BAPTISTA DA SILVA, Ovídio A. *Curso de Processo Civil*, vol.I, p. 266.

[127] PINTO, Nélson Luiz. *Ação de usucapião*, n. 4.14, p. 152-153, citando Kazuo Watanabe. "Ação dúplice", *Revista de Processo*, n. 31, p. 140.

[128] BAPTISTA DA SILVA, Ovídio A. *Curso de Processo Civil*, vol. I, p. 261. A citação de Mario Dini é referente à obra *La domanda riconvencionale nel diritto processuale civile*.

As exceções, conhecidas há muito dos praxistas, que as tinham como: "a indireta contradição do réo à acção do autor; por meio da qual se perime a mesma acção ou apenas se dilata o seu exercício".[129]

Notadamente uma atitude defensiva, a exceção busca afastar a ação do autor de maneira indireta, sem negar os fatos constitutivos apresentados por este, mas opondo outros fatos, capazes de *perimir* os efeitos daqueles.

Opor usucapião como exceção estava consagrado, conforme manifestação de Lafayette: "a prescrição pode ser utilmente invocada ou por via de ação, ou em forma de exceção".

Posteriormente, já sob a vigência do Código Civil de 1917, muito se reagiu à possibilidade da oposição da *prescrição aquisitiva* como meio de defesa.

"A usucapião invocada, também, não é de ser atendida em benefício do réu, porque, como acentua o apelante, a defesa assente exclusivamente na posse, por mais prolongada que seja, para operar a transmissão da propriedade, precisaria ser reconhecida por sentença transcrita no registro geral..."[130]

Como se demonstrará a seguir, n. 10, consagrados a Súmula 237 do STF e o art. 7º da Lei 6.969/81, não quedou mais dúvida da oponibilidade da exceção de usucapião, permanecendo dissídio quanto aos efeitos produzidos, matéria que consumirá a fase complementar deste trabalho.

6.4.1. Requisitos

A aferição da existência e o reconhecimento da exceção de usucapião, seja qual for o efeito a ela conferi-

---

[129] MONTEIRO, João. *Programa do curso de Processo Civil*, § 108, vol.II, p. 60.

[130] Acórdão da 2ª Câmara Cível do Tribunal de Justiça do Rio Grande do Sul, 25.05.1949, Julgados n. 31, p. 211, citado por Pontes de Miranda, Tratado das Ações, tomo II, p. 254.

do, passa, necessariamente, pelo exame dos requisitos do usucapião oposto.

Conhecidas são as diversas espécies de usucapião, seja quanto ao objeto (móveis e imóveis); quanto ao tempo de posse (extraordinário, ordinário e especial); ainda o usucapião de direitos limitados.

Sem dúvida, cabendo ao réu o ônus de provar os fatos impeditivos, extintivos e modificativos, ao rigor do art. 333 do CPC, sua será a prova de exceção de usucapião, requerida no momento em que responde a ação na qual é legitimado passivo.

Reconhecer, entretanto, a exceção oposta tem como pressuposto a verificação individuada dos requisitos da espécie de usucapião mencionada na resposta do réu.

Assim, sem que se pretenda avançar nos requisitos da ação, não é desperdício afirmar que os requisitos materiais da ação o serão da exceção, havendo idêntico encargo probatório.

6.4.1.1. *Posse*

Dos temas mais pantanosos aos estudiosos do Direito, a posse tem rendido incontáveis e inesgotáveis contendas.

Válida ao usucapião é a posse com *animus domini*, contínua, incontestada, sem violência, sem clandestinidade e não-precária.

"É o *animus domini* a vontade (ainda que de má-fé) de possuir alguém como se fosse dono."[131]

A continuidade decorre da manifestação de atos possessórios sem interrupções longas, hábeis a constituírem posse de outrem.

A *pacificidade* é conseqüência de inexistir violência nos atos de tomada da posse, mantendo-se no seu transcurso.

---
[131] NEQUETE, Lenine. *Da prescrição aquisitiva (usucapião)*, n. 22, p. 121.

Já a *publicidade* é a transparência dos atos de posse, capazes de serem conhecidos daqueles que se acercam do *objeto* possuído.

6.4.1.2. Tempo

O tempo ou lapso prescricional varia de acordo com a espécie de usucapião, sendo: nos imóveis, 20 anos, no usucapião extraordinário (art. 550, CC); 10 e 15 anos, conforme ausentes ou presentes no usucapião ordinário (art. 551, CC); 10 anos no usucapião especial indígena (art. 37, da Lei 6001/73); 5 anos no usucapião especial agrário (Lei 6969/81 e art. 191 da Constituição Federal de 1988); 5 anos no usucapião especial urbano (art. 183 da Constituição Federal de 1988).

Nos imóveis, os prazos são de 5 anos no usucapião extraordinário (art. 619 do CC) e de 3 anos no usucapião ordinário (art. 618 do CC).

6.4.1.3. Coisa hábil

Hábil à exceção é a coisa hábil à ação. Hábil à ação é a coisa capaz de ser possuída.

"Ora, tais objetos só podem ser, desde logo, coisas materiais, físicas, tangíveis, não se compreendendo, conseqüentemente, a posse de coisas incorpóreas..."[132]

Excluem-se as coisas não-individuadas, incertas; as coisas fora do comércio, sejam as comuns ou as impossíveis de apropriação, os bens públicos, etc.

6.4.1.4. Justo título

Presente tão-só no usucapião ordinário, seja de móveis como de imóveis, o justo título é definido como

---
[132] NEQUETE, Lenine, Obra citada, n. 29, p. 153.

"todo ato formalmente adequado a transferir o domínio ou o direito real de que se trata, mas que deixa de produzir tal efeito (...) em virtude de não ser o transmitente senhor da coisa ou do direito, ou de faltar-lhe o poder de alienar."[133]

São títulos justos a compra e venda, a doação, a permuta, o legado, a adjudicação.

6.4.1.5. Boa-fé

Também a boa-fé não se apresenta como requisito dos usucapiões extraordinários e especiais, visto que presumida. No usucapião ordinário, tanto de imóveis como de móveis, mostra-se imperiosa.

Seu conceito se decompõe em diversos outros, que podem ser resumidos como: a crença do possuidor de que bem ou objeto possuído lhe pertence, desconhecendo o defeito que impede a sua aquisição, art. 490 do CC.

6.4.2. Ato da parte/ato do juiz

Em Lafayette encontra-se a exigibilidade da manifestação da parte: "A prescrição não produz os seus efeitos de pleno direito, mas carece ser alegada pela parte. Não pode o juiz suprir de seu ofício."[134]

Juristas medievais, reinterpretando os textos romanos, distinguiam as *exceptiones facti* e *exceptiones iuris*[135], as primeiras como exceções que só conhecidas se alegadas pela parte, daquelas reconhecíveis de ofício pelo Magistrado.

Remonta, portanto, ao trabalho reinterpretativo dos pós-glosadores a diferenciação entre estas *exceptionis*.

---

[133] NEQUETE, Lenine, Obra citada, n. 42, p. 207.

[134] PEREIRA, Lafayette Rodrigues, *Direito das Coisas*, p. 257.

[135] Supra, n. 2.2, capítulo sobre Direito Comum.

A exigência da provocação remonta ao Direito Romano. A maioria das exceções de direito privado, exceções civis, baseadas em fatos, dependiam da manifestação da parte para serem incluídas na fórmula[136].

Chiovenda menciona a situação em que a manifestação do demandado é "condição indispensável para a *desestimação* da demanda do autor", casos em que o juiz não podia conhecer de ofício, "casos em que o poder jurídico do demandado toma o nome específico de exceção"[137].

Há, contudo, referências recentes no direito comparado a poder o juiz conhecer de ofício do usucapião, sem manifestação da parte[138].

Os autores nacionais, na esteira de Laffayette, são unânimes, exigindo a manifestação da parte para o reconhecimento do usucapião[139].

A previsão do § 5º do art. 219 do CPC: "não tratando de direitos patrimoniais, o juiz poderá, de ofício, conhecer da prescrição e decretá-la de imediato", não pode ser tomada ao rigor, pois não refere à prescrição aquisitiva, mas àquela extintiva das ações.

Enquanto exceção substancial, o usucapião, ou *prescrição aquisitiva* inclui-se dentre as que "sem argüição expressa do réu, o juiz não poderá julgar improcedente a ação."[140]

6.4.3. Momento de argüir

A ação do tempo sobre os direitos é notável, bem assim a exigência da prática de atos a cada momento

---

[136] CUENCA, Humberto. *Processo Civil Romano*, n. 291, p. 301.
[137] CHIOVENDA, Giuseppe. *Principios de Derecho Procesal Civil*, tomo I, § 11, p. 313.
[138] NEQUETE, Lenine. *Da prescrição aquisitiva (usucapião)*, p. 17.
[139] PINTO, Nélson Luiz. *Ação de usucapião*, n. 4.14, p. 150; PRUNES, Lourenço Mário. *Usucapião de imóveis*, cap. VIII, p. 341.
[140] BAPTISTA DA SILVA, Ovídio A. *Curso de Processo Civil*, vol. I, p. 259.

pelos titulares de direitos, tanto materiais como processuais.

Tratando-se de exceção, mais amiúde, de exceção substancial, oponível pela parte demandada, sobrepuja a manifestação no momento processual exato.

Admitida a proposição de Laurent de que "... a doutrina e a jurisprudência admitam que as exceções sejam perpétuas: de sorte que só as ações seriam temporárias..."[141] não exclui a imposição da alegação no processo, quando chamado o réu à instância.

A perpetuidade diz respeito com a inércia, não com a provocação. O excipiente não vê prescrita a sua *exceção de prescrição*, enquanto não provocado. Entretanto, se demandado, tem-na de alegar, sob pena de preclusão.

Impera neste sítio a regra do art. 300 do CPC, ou seja, compete ao réu alegar toda a matéria de defesa na contestação, expondo as razões de fato e de direito e as provas que pretende produzir.

Consentânea do *princípio da eventualidade*[142], a resposta do réu deve conter toda a sua defesa, incidindo sobre o que não foi alegado, a preclusão, importando a inexistência de outro momento processual hábil a tal apresentação[143].

O aparente conflito entre esta regra e aquela inserida no art. 162 do CC, que: "a prescrição pode ser alegada, em qualquer instância, pela parte a quem aproveita", não deve persistir.

Precípua, por outro lado, a distinção entre a prescrição extintiva ou liberatória, a quem alude a norma do estatuto material, da *prescrição aquisitiva*, ou usucapião[144].

---

[141] Citado por João Monteiro, *Programa do curso de Processo Civil*, § 109, vol.II, p. 64.

[142] SANTOS, Moacyr Amaral, *Primeiras linhas de Direito Processual Civil*, vol. 2º, n. 460, p. 207.

[143] PASSOS, José Joaquim Calmon de. *Comentários ao CPC*, n. 188.1, p. 303.

[144] Sobre o dualismo da prescrição extintiva e aquisitiva, ver: "Appunti sulla prescrizione", Francesco Carnelutti, *Rivista di Diritto Processuale Civile*, ano 1933, pp. 32-49; Nélson Luiz Pinto, *Ação de usucapião*, pp. 32-49; Lenine Nequete, *Da prescrição aquisitiva*, n. 2.3, p. 37.

Assim, se dentre as razões da defesa situa-se a aquisição do direito por usucapião, o momento de alegá-lo é a contestação, mantendo incólume o *princípio da eventualidade*.

Lenine Nequete, examinando a questão, é categórico: "resumidamente, como exceção, o momento processual adequado para se afirmar a prescrição aquisitiva é o da contestação, importando o silêncio do réu em renúncia tácita[145].

Manifestam-se favoravelmente a esta posição outros autores, como Luiz Edson Fachin[146] e Lourenço Mário Prunes[147].

Nélson Luiz Pinto é também enfático: "entendemos que o réu só poderá fazê-lo até o prazo da contestação"[148]. Aqui, entretanto, despontam algumas variantes de acordo com o prazo aberto para resposta em cada ação. Pacífico será o prazo de 15 dias, se ordinário o procedimento; se especial o rito - o que não é raro - será o prazo específico do procedimento.

A dificuldade pode surgir nas ações do juízo divisório, onde o prazo *contestacional* é de 20 dias. Numa interpretação não-sistemática, parece mais adequado admitir que seja diferenciado o prazo, conforme o procedimento onde é oposta a exceção de usucapião[149].

A jurisprudência não destoa[150]. O STJ, negando-se a conhecer do Recurso Especial nº 3767, decidido em 26.03.91, não aceitou o usucapião alegado em defesa,

---

[145] NEQUETE, Lenine. *Da prescrição aquisitiva (usucapião)*, p. 19. Cita, ainda, Francisco Morato, *Da prescrição nas ações divisórias*, § 90.

[146] FACHIN, Luiz Edson. *A função social da posse e a propriedade contemporânea*, pp. 50-51.

[147] PRUNES, Lourenço Mário. *Usucapião de imóveis*, cap. VIII, p. 341.

[148] PINTO, Nélson Luiz. *Ação de usucapião*, n. 4.14, p. 150.

[149] De forma diversa, entendendo como prazo de 15 dias, Hamilton de Morais Barros, *Comentários ao CPC*, citado no n. 8.3 deste trabalho, título destinado à ação de demarcação.

[150] Citados por Nélson Luiz Pinto, acórdãos - RT 143/613; RT 161/60; RF 116/508 e 118/389.

mas lembrado apenas em grau de recurso, considerando preclusa a matéria, julgando procedente a ação de reintegração de posse onde fora alegada a exceção[151].

Outro princípio processual muitas vezes esquecido é o da *eficácia preclusiva da coisa julgada* ou *julgamento implícito*, presente no art. 474 do CPC, que pode também ter influência neste particular. A dicção do art. é a que segue: "Passada em julgado a sentença de mérito, reputar-se-ão deduzidas e repelidas todas as alegações e defesas, que a parte poderia opor assim ao acolhimento como à rejeição do pedido". Deste modo, haveria pleclusão sobre as matérias que as partes poderiam se valer e não utilizaram em suas alegações e defesas.

Imaginemos uma demanda de reintegração de posse onde o réu não inclui entre as suas defesas a exceção de usucapião, já constituído. Contudo, consegue a improcedência do pedido do autor. Demandado posteriormente em ação reivindicatória, alega ter há muito usucapido o objeto dos dois processos. Por certo que a regra do art. 474 deveria ser-lhe imposta, pois se já usucapira, teria de defender-se desde a primeira demanda reintegratória com a exceção de usucapião.

6.4.4. Forma

Sendo a contestação, ou mais amplamente o momento da resposta do demandado, o adequado à oposição da exceção, esta tomará a forma daquela.

Tomará a conformação da contestação, porquanto nela inserta. Se escrita a resposta, assim será sua apresentação; se oral, assim o será a alegação do usucapião.

Imposta pelo art. 300 do CPC, conterá as razões de fato e de direito, expondo a origem da posse e o lapso

---

[151] Diário da Justiça, 07.10.91, p. 13970. No mesmo sentido, RT 515/247 e RT 514/152-159.

decorrido, bem como os demais requisitos exigidos à espécie de usucapião alegado.

Apresentada em regra de forma escrita, quando oral, em audiência, lavrada a termo pelo escrivão, se fará acompanhar, quando possível, de documentos e, em regra, do requerimento a produção de provas e de improcedência do pedido do autor.

6.4.5. Ônus da prova

Nas origens romanas, desponta o princípio consagrado de que a prova dos fatos incumbe à parte que os deduziu, onera a quem se beneficia; o autor deve fornecer a prova do fato deduzido na *intentio* e eventualmente na *replicatio*, enquanto o réu deve fornecer a prova da *exceptio* e eventualmente de outras defesas[152].

"Como o réo nas excepções não toma a posição passiva de quem nega; mas activa de quem affirma, incumbe-lhe o dever de provar a excepção sob pena de ser rejeitada..."[153]

São os princípios incorporados ao art. 333 do CPC: "O ônus da prova incumbe: ao autor, quanto ao fato constitutivo do seu direito; ao réu, quanto à existência de fato impeditivo, modificativo ou extintivo do direito do autor."

Aquele que alega em juízo deve provar as suas afirmações, cabendo ao que excepciona fazer a prova dos fatos que originam a sua defesa.

Embora as críticas a esta distribuição do ônus da prova, segundo alguns não aplicável como regra generalíssima[154], persiste válida quanto à matéria em estudo, por não se poder afirmar o contrário, ou seja, não

---

[152] PALERMO, Antonio. *Studi sulla 'exceptio' nel Diritto Classico*, p. 97.

[153] BAPTISTA, Francisco de Paula. *Compendio de theoria e pratica do Processo Civil*, § 37, p. 49.

[154] SANTOS, Moacyr Amaral. *Comentários ao CPC*, vol. IV, n. 21, p. 29.

encarregar ao demandado a prova da sua exceção de usucapião.

Alegado o usucapião em defesa, seja qual for a natureza da demanda onde é oposto, incumbirá ao excipiente a prova da exceção, para ver repelida a ação proposta pelo autor.

7

Previsão

A previsibilidade de oposição da exceção de usucapião decorre naturalmente das fontes do direito. Encontramo-la nas raízes históricas sob a forma de *praescriptio longi temporis*[155], reação do demandado na *reivindicatio*, mas posteriormente dentre nós é referendada pela lei, pela doutrina e pela jurisprudência, nascentes das mais pujantes do direito.

7.1. JURISPRUDENCIAL

Têm sido os julgados, desde os mais recônditos tempos históricos, fonte de inovação e avanço do Direito. Apresenta-se, entretanto, como manancial sensível, sujeito aos avanços e retrocessos.

Destarte, a jurisprudência, já no Direito Romano, apresenta-se como criadora de novos caminhos - assim foi a inserção da *exceptio* na fórmula - cunhando institutos depois incorporados pela lei.

Quanto à admissibilidade da defesa fundada em usucapião, entre nós, também tiveram peso capital as decisões dos tribunais, desde os tribunais estaduais, culminando com o debate travado no Supremo Tribunal Federal que redundou na Súmula 237.

As posições que se debateram, propugnavam uma pelo reconhecimento do usucapião oposto em resposta,

---
[155] Infra 5.2.

como matéria de defesa e outra pelo não-reconhecimento, salvo se anteriormente tivesse sido declarado o usucapião através de ação própria.

Largamente citado é o relatório e o voto do Ministro Orozimbo Nonato, proferido no Recurso Extraordinário n. 8.952, publicado na Revista Forense, março, 1949.

A ementa afirma: "o usucapião pode ser oposto, como defesa, independentemente de sentença anterior que o declare e que, registrada, sirva de título de domínio. Em tal caso, a transcrição se exige para o exercício do direito de dispor, mas não é constitutiva.

Para agir como autor em pleito é que o titular do usucapião deve proceder a prévio registro[156].

7.1.1. Sumular
Súmula 237 do STF

O Direito Sumular no Brasil tem vida recente, tendo sido, no STF, instituído através de emenda ao regimento interno, no ano de 1963[157], referendando a tendência dominante da jurisprudência dos tribunais.

Súmula 237 do STF: "O usucapião pode ser argüido em defesa".

A instituição das súmulas se dá após debate entre as tendências jurisprudenciais de cada tribunal, não tendo sido diferente na instituição da súmula sob exame.

7.2. LEGAL

Secundando a forte influência patrocinada pela jurisprudência e pela doutrina, francamente favorável à

---

[156] RF 122/116-118.

[157] GUEDES, Jefferson Carús. "Usucapião especial agrário e o direito sumular". *Revista de Direito Civil*, n. 73, p. 88.

admissão da oposição do usucapião como meio de defesa, ratificou-se dentre nós, através da lei, tal exceção.

Destinada ao reconhecimento do usucapião especial agrário, a Lei 6969/81, em seu art. 7º, propugnava: "A usucapião especial poderá ser invocada como matéria de defesa, valendo a sentença que a reconhecer como título para transcrição no Registro de Imóveis".

Independentemente da forte discussão sobre a *real eficácia* do reconhecimento, ponto nodal da discussão que animou os doutrinadores, importante é destacar a inserção na norma jurídica da construção havida na jurisprudência.

Mais do que animar a dissensão, inserta na segunda parte do dispositivo, trazia-se para o direito legislado a construção pretoriana, urdida sob o pálio da obra do velho pretor romano.

A norma, ponto de resistência formal, cedia à história, incorporando o que já fora também sumulado pelo STF.

7.3. DOUTRINÁRIA

A admissibilidade da exceção de usucapião pela doutrina é antiga, tendo em Lafayette um dos baluartes, mais remotamente.

Na atualidade, não dissentem os autores que examinam o tema, centrando-se o debate sobre as eficácias da sentença que perime a demanda onde a mesma é oposta.

Senão unânime, amplamente majoritária, conforme se verá no tópico destinado ao comentário das ações onde é proposta a exceção, e no exame das posições dos autores será mais longamente apreciado ao final deste trabalho.

8

Admissibilidade da exceção de usucapião

Desde os primórdios do direito romano, era admitida a *usucapio* como forma de aquisição de bens pela posse continuada, conforme prazo previsto em lei. A *praescriptio longi temporis* não ia além do meio de defesa contra as investidas reivindicatórias do proprietário.

Adstrita às ações reivindicatórias, perdurou por longos anos, até o estabelecimento da igualdade entre os *civitas* e os não-romanos e a indistinção entre fundos situados na península ou não.

A fusão entre institutos absolutamente distintos legou ao porvir a plausibilidade de opor o usucapião como *meio de defesa* nas demandas do proprietário reivindicante.

O domínio romano na Lusitânia lá deixou a língua e as leis, onde será reencontrada a *longissimi temporis praescriptio* já como forma de aquisição, intersecção terminológica patrocinada pelas compilações de Justiniano, não somente como defesa nas ações reivindicatórias.

Na atualidade, ampliam-se as possibilidades quanto à admissão da exceção de usucapião em diversas demandas, recepcionada como resposta do réu nas reivindicatórias, imissão de posse, demarcatórias, divisórias, possessórias, e até mesmo em ação de despejo.

Esta tendência à recepção nas mais variadas demandas deve ser interpretada como exame da amplitude de defesa permitida em cada processo, procedimento ou ação.

Quanto mais ampla for a atividade do réu, excluídas as sumarizações materiais[158] possíveis nos procedimentos, incontáveis serão as hipóteses de aceitação do usucapião como meio de defesa.

Acrescente-se a isso a exigüidade dos prazos: 3 anos no usucapião ordinário de móveis; 5 anos no usucapião extraordinário de móveis; 5 anos no usucapião especial urbano e 5 anos no usucapião especial agrário; 10 anos de usucapião indígena[159]; 10 anos de usucapião ordinário de imóveis e 20 anos de usucapião extraordinário de imóveis.

São razões suficientes para presumir e mesmo acreditar que crescerá a oposição do usucapião, seja de móveis e imóveis, pelos demandados das mais diversas ações.

8.1. AÇÃO REIVINDICATÓRIA

A ação de reivindicação tem raízes remotíssimas, presente já nos albores do direito romano, em suas fases inaugurais. Objetivava a vindicação da coisa, *rei vindicatio*.

O fundamento histórico que legitima atualmente a oposição do usucapião como meio de defesa em variadas demandas tem o antecedente remoto na oponibilidade da *praescriptio longi temporis* contra os intentos veiculados pela *rei vindicatio* do proprietário.

---

[158] Sobre *sumarização material* das demandas, ver Ovídio A. Baptista da Silva: *Procedimentos especiais*, p. 47.

[159] O usucapião indígena encontra-se previsto no art. 33 da Lei 6001, de 1973, (Estatuto do Índio). Art. 33: "O índio, integrado ou não, que ocupe como próprio, por dez anos consecutivos, trecho da terra inferior a 50 hectares, adquirir-lhe-á a propriedade plena."

Por esta razão, não há óbice na doutrina e na jurisprudência, pelo menos hoje, da aceitação do usucapião como defesa.

Já dissera Paula Baptista que a ação de reivindicação "compete ao senhor de qualquer cousa, quer seja proprietário perfeito, quer imperfeito ou limitado (como o emphyteuta, o usufructuario, o marido a respeito dos bens dotaes durante o matrimônio) contra o possuidor ou detentor..."[160]

Busca o proprietário com esta ação a posse da coisa detida injustamente por outrem. O conceito de posse injusta não se adequa ao do art. 48 do CC., porquanto a justeza ali mencionada faz referência à proteção possessória, não à reivindicatória[161].

Pode ter como objeto tanto bens móveis, processada pelo *comum sumário*, art. 275 do CPC, obedecido o limite quantitativo, como de bens imóveis, processada pelo *comum ordinário*, tendo, em ambos os casos, amplitude *plenária* na discussão da prova, ou seja, são admitidas toda a sorte de alegações.

São legitimados ativos, como anotado anteriormente, os titulares do domínio, seja pleno ou limitado. Resta, ainda, algum debate quanto à legitimidade do condômino e do enfiteuta.

Resistem os tribunais[162] em conceder legitimidade ao condômino de coisa indivisa, indicando a via da ação de divisão como pressuposto à busca da posse.

---

[160] BAPTISTA, Francisco de Paula. *Compendio de theoria e pratica do Processo Civil Comparado com Comercial*, § 11, pp. 15-16.

[161] BAPTISTA DA SILVA, Ovídio A. *Curso de Processo Civil*, vol. II, p. 162. O professor meridional cita o exemplo do adquirente *a non domino* que, embora tendo o bem como posse não-violenta, não-precária e não-clandestina, se vê demandado pelo verdadeiro dono, sucumbindo na ação; no mesmo sentido, a posse do locatário, que locou de quem não tinha poderes para tanto.

[162] Idem, pp. 159-160, reputa injusta a solução aconselhada pelos tribunais, frente às disposições dos artigos 524 e 623, II, do CC. Entendendo materialmente impossível a execução da decisão RJTJRS 153/296.

Dentre os legitimados passivos para a ação de reivindicação, estão os possuidores "injustos" da coisa vindicata pelo proprietário.

Desta polarização, onde, de um lado, instala-se o proprietário alijado da posse e, de outro, o possuidor não-proprietário, combinado com a plenitude de defesa permitida na ação, desponta a não rara possibilidade de defesa com supedâneo no usucapião.

Desde o direito pré-codificado, a doutrina admitia a exceção de usucapião nas ações reivindicatórias. Após a edição do Código Civil, instalou-se o dissenso, impondo uma das correntes a reconhecimento prévio do usucapião como requisito à oponibilidade em defesa. Com esta linha, posicionaram-se Carvalho Santos e Dídimo de Veiga[163].

Pôs fim ao debate a Súmula 237, do STF: "O usucapião pode ser argüido em defesa". Mesmo em tom lacônico, não permitiu o avanço da restritiva interpretação dos civilistas citados. Claro ficava que a sentença de reconhecimento do usucapião não antecedia, necessariamente, a validação deste meio de defesa noutra demanda.

Reinante a paz, pelo menos quanto à ação reivindicatória, restou controversa a oponibilidade em outras ações, tema que anima ainda saudáveis debates, com clara tendência expansionista.

Na atualidade, são unânimes os autores[164] que reconhecem a alegabilidade do usucapião em defesa, notadamente na ação reivindicatória.

---

[163] SOUZA, Aélio Paropat. "A exceção de domínio", in *Uma vida dedicada ao direito*, p. 105; CARVALHO SANTOS, J.M., *Código Civil Brasileiro*, interpretado, art. 550, n. 12.

[164] São concordes: FABRÍCIO, Adroaldo Furtado. *Comentários ao CPC*, vol.VIII, tomo III, n. 455, p. 397; COUTO E SILVA, Clóvis do. *Comentários ao CPC*, vol.IX, tomo I, n. 170, p. 183; NADER, Natal. *Usucapião de imóveis* pp. 23,24; SALLES, José Carlos de Moraes. *Usucapião de bens móveis e imóveis*, pp. 49 e 109-111.; THEODORO JÚNIOR, Humberto. *Curso de Direito Processual Civil*, vol.III, n. 1351, pp. 218-219; NASCIMENTO, Tupinambá Miguel C. do. *Usucapião*, pp. 105 e 191-194; PINTO, Nélson Luiz. *Ação de usucapião*, n. 4.14, pp. 149-154; PINTO, Nélson Luiz & PINTO, Tereza Arruda Alvim, *Repertório*

A jurisprudência pacificou-se após a edição da súmula, sendo incontáveis os acórdãos que recepcionam a tendência que predominou.

É de ser anotado, entretanto, o alerta contido na ementa que segue: "se na reivindicação os litigantes se apresentam como proprietários, é possível o reconhecimento do usucapião invocado pelo réu"[165]. No caso em exame, a defesa do réu foi, embora também proprietário, a alegação do usucapião.

Não destoam mais, tanto tribunais como doutrinadores, quanto à oponibilidade da exceção de usucapião na reivindicatória[166].

8.2. AÇÃO DE IMISSÃO DE POSSE

A ação de imissão de posse, prevista dentre os *processos especiais* do CPC de 1939, no Título XIII, Das Ações Possessórias, artigos 381 e 383. Inserta como possessória, suscitou incontáveis debates porque ação embasada no domínio, petitória portanto[167], pela clara regra do artigo 382 daquele diploma[168], negando caráter

---

de jurisprudência e doutrina sobre usucapião, p. 71, nota 79; FACHIN, Luiz Edson. *A função social da posse e a propriedade contemporânea*, p. 49.
Antes destes: PONTES DE MIRANDA, *Código de Processo Civil comentado*, vol. XIII, art. 942, pp. 261-262 e *Tratado das ações*, vol.II, § 48, 4, p. 253; NEQUETE, Lenine. *Usucapião especial: Lei n. 6.969, de 10.12.1981*, pp. 40-41.

[165] *Jurisprudência do usucapião*. Organização e seleção de Limongi França, pp. 289-291. Acórdão do TJSP publicado também na RT 474/83-84.

[166] Jurisprudência: RT 330/232; RT 332/180; RT 357/456; RT 418/359; RT 409/329.

[167] AMERICANO, Jorge pontificou: *"A imissão de posse*, também chamada interdicto *adispiscendae possessionis*, não é interdicto possessório, não tem por escopo a proteção da posse em si, mas sim, a efetividade do exercício do direito em virtude do próprio título, *Comentários ao CPC do Brasil*, 2º vol., p. 194.

[168] Artigo 382 do CPC de 1939: "Na inicial, instruída com o título de domínio, ou com os documentos da nomeação, ou eleição, do representante da pessoa jurídica, ou da constituição do novo mandatário..."

possessório, manteve-se a maioria na esteira de Lafayette, Serpa Lopes e Pontes de Miranda[169].

Marcada pela polêmica, com sua exclusão, no CPC de 1973, manteve-se no limbo, entendendo alguns pela sua extinção e outros pela manutenção, não mais como *ação especial*, mas como ação de rito comum.

Raros foram os estudos sobre o tema[170], destacando-se pela profundidade a monografia do professor Ovídio Baptista da Silva, entitulada *A ação de imissão de posse (no direito brasileiro atual)*.

Implicou a sua retirada no entendimento de que, mesmo remanescente o *direito material à imissão*, o socorro processual seria concedido através dos processos comum, ordinário ou *sumaríssimo*.

Irresignado com a solução, debateu-se em oposição a esta tese, o professor gaúcho, infirmando a mudança no rito, com seu grave consectário caracterizado pela perda da eficácia executiva da sentença e da sumariedade material[171].

Conclui, evidenciando: a) ação de imissão de posse mantém sua característica de ação executiva; e b) que, permanecendo ação *materialmente sumária*, não se confunde com a reivindicatória, mesmo nos casos que eram abrangidos pelo art. 382, I, do Código anterior."[172]

Suspenso o comentário sobre sua permanência, importa, para o âmbito deste trabalho, indagar seu conceito, legitimados passivos e ativos e a aceitabilidade

---

[169] CREDIE, Ricardo Antonio Arcoverde. As ações de manutenção e imissão de posse, in: *Revista de Processo*, n. 22, p. 72.

[170] *A ação de imissão de posse perante o novo Código de Processo Civil*, SANDOVAL, Ovídio Rocha Barros, RT 486/22; BAPTISTA DA SILVA, Ovídio A. *A ação de imissão de posse no direito brasileiro atual* e *A eficácia executiva da ação de imissão de posse*; *Revista AJURIS*, n. 5, p. 64; *Revista de Processo*, n. 2, pp. 102-114 e *Sentença e Coisa Julgada*; CREDIE, Ricardo Antonio Arcoverde, "As ações de manutenção e imissão de posse", *Revista de Processo*, n. 22, p. 47.

[171] BAPTISTA DA SILVA, Ovídio A. *A ação de imissão de posse*, pp. 103-104, 107 e 111.

[172] Idem, p. 118.

da alegação de usucapião na defesa do demandado em ação de imissão de posse, observadas ambas as posições. Conceituada como a ação do titular do domínio para obter a posse, portanto petitória.

Pelo art. 381 do CPC de 1939, era outorgada aos adquirentes para haverem a posse contra os alienantes ou terceiros; aos administradores de pessoas jurídicas de direito privado, para entrega dos bens contra os representantes anteriores, aos mandatários, para receberem dos antecessores os bens do mandante.

A sumariedade material está exposta no parágrafo único do art. 383, como se vê: "Salvo quando intentado o processo contra terceiro, a contestação versará somente sobre nulidade manifesta do documento produzido". Embora contestada por Jorge Americano[173], é apontada por outros autores como a vantagem da demanda, além do traço distintivo com a ação reivindicatória.

É, pois, precisamente, na exceção contida no parágrafo único do art. 381 do CPC extinto, que se vislumbra a probabilidade da exceção de usucapião na ação de imissão de posse.

Se ao terceiro possuidor a defesa não estava restrita à nulidade do documento, mais ampla poderia ser sua contestação, abrangendo, inclusive, defesas indiretas do processo, direcionadas a inviabilizar a ação, sem transformá-la na reivindicatória[174].

Entretanto, uma decisão do TJRJ, publicada na *Revista de Processo*, n. 5, p. 255[175], onde o autor intentou ação de imissão de posse contra terceiro, tentando em última instância a transformação da demanda em pos-

---

[173] Comentários ao CPC do Brasil, vol.II, p. 197.

[174] BAPTISTA DA SILVA, Ovídio A. *A ação de imissão de posse*, p. 151. Não há, contudo, a menção às defesas indiretas de mérito. PONTES DE MIRANDA, *Código de Processo Civil comentado*, vol.XIII, art. 942, p. 363, admite na vindicação de posse.

[175] TJRJ. 2ª Câmara Cível, Apelação n. 35.729. Rel. Roque Baptista, publicada na *Revista de Processo n.* 5, pp. 255-256.

sessória, permite retirar algumas assertivas: a) a ação pode ser dirigida contra o alienante ou contra terceiro que tenha posse oriunda do alienante; b) o réu alegou e provou ter posse em nome próprio há longos anos, sem qualquer contestação; c) o autor admitiu, em depoimento pessoal, saber da existência de posseiros.

Das assertivas, parte-se à conclusão: se possível a posse há longos anos, sem qualquer contestação, em nome próprio, possível a defesa com usucapião, pois posse capaz de gerá-lo.

Mesmo que acertados a conclusão e seu desdobramento, só se admitiria se entendida a demanda de imissão de posse como ordinária, após 1974, como, aliás, entendeu o acórdão citado[176]. Assim também, entendendo como ação ordinária o TJRS, decisão publicada logo após a vigência do novo CPC, publicada na RJTJRS 78/375.

Por derradeiro, é de ser anotado que entendida a demanda como sumária (materialmente), dificilmente se admitiria a oposição do usucapião nesta demanda.

Entretanto, vista como ação de rito ordinário, como já pretendiam alguns autores, antes mesmo da exclusão da ação dos procedimentos especiais, não há por que inadmitir, face à amplitude de defesas permitidas ao réu, arroladas no art. 297. do CPC atual[177].

Confirmando tal decisão: "Ação de Imissão de Posse. Defesa. *Cabe em defesa, na ação de imissão de posse, alegar usucapião que, provada, acarreta improcedência do pedido de imissão. Usucapião. A posse de imóvel mansa e ininterrupta, com ânimo de dono, por vinte anos, sem justo título, configura usucapião, caracteriza o animus*

---

[176] No mesmo sentido, acórdão comentado por José de Albuquerque Rocha, *Revista de Processo*, 4/355-358, propugnando da execução da imissão de posse pelo Livro II, do CPC atual, processo de execução para entrega de coisa certa.

[177] Lenine Nequete se opõe por outro fundamento; *in:* NEQUETE, Lenine. *Usucapião especial: Lei n. 6.969, de 10.12.1981*, p.40.

domini a função econômica e continuada, realizada à vista de todo mundo. Sentença confirmada."[178]

8.3. AÇÃO DEMARCATÓRIA

Objetiva a ação de demarcação estremar os limites entre dois prédios, ou mais: "a ação de demarcação visa não só ao estabelecimento de marcos ou sinais fixos entre limites certos e conhecidos, como também à discriminação de limites incertos e desconhecidos, e finalmente a definitiva constituição de confins por meio de uma retificação acompanhada da restituição de zona certa, porém, ilegitimamente possuída pelo réu."[179]

A ampla definição desta ação trazida por Alcides Cruz aparta as três pretensões que no direito brasileiro foram reunidas sob o abrigo de um único procedimento[180].

Na primeira das situações, quando são certos e conhecidos os sinais ou marcos, havendo dúvida tão-somente quanto à linha divisória entre os dois marcos, não se pode cogitar de defesa do demandado com usucapião.

Quanto à segunda, se incertos ou desconhecidos os limites, pode-se já esperar que no âmbito da dúvida tenha se formado, em contrapartida, certa posse com características *ad usucapionem*, estimulante à uma ampla defesa substantiva com o usucapião.

Proposta a terceira demanda, com objeto de delimitar os confins não existentes associada à pretensão restituitória de "zona certa" concretas são as possibilidades

---

[178] Apelação Cível n. 38.637, 1ª Câmara Cível, Porto Alegre, Rel. Des. Cristiano Graeff Júnior, julgada em 28.08.81. Publicada na RJTJRS 90/418.

[179] CRUZ, Alcides. *Demarcação e divisão de terras*, p. 26.

[180] Segundo o autor citado, no direito italiano, três são as demandas, perfeitamente individuadas: *"stabilimento de termini, regulamento de confini e rettificazione di confini "*. Obra citada, p. 26.

do enfrentamento de uma defesa embasada no usucapião.

Progressivamente, o risco se amplia conforme desapareça ou inexistam os sinais na área demarcanda.

Neste ponto, surge a intersecção apontada por alguns entre as pretensões reivindicatórias e demarcatórias, embora não haja confusão entre ambas, tanto nos requisitos a propositura, ônus da prova e outros[181].

O legitimado passivo que sofrerá a ação é o possuidor do prédio confinante, não necessariamente o proprietário, mas o legítimo titular da posse. Deste é que advirá, dentre as formas possíveis de atuação contidas no art. 297 do CPC, aquela que afasta a pretensão com a defesa indireta de mérito ou exceção.

Outras poderão ser as defesas, mas a que repele argüindo o usucapião remete, necessariamente, à instrução[182] probatória que determinará ou não a improcedência da ação interposta.

A natureza dúplice da demanda demarcatória não produz grandes modificações quanto à defesa apoiada no usucapião. Uma coisa é a pretensão do réu de também ter demarcados os imóveis; outra, sua defesa com a *prescrição aquisitiva*, forma de ver indeferido o pedido do autor, pois suplantado pelo direito, declarado ou não, do adquirente por usucapião.

A admissão da exceção de usucapião na ação de demarcação remonta aos autores antigos, dentre os deste século; Alcides Cruz é concorde à oponibilidade ao dizer que a defesa do réu pode basear-se "... d)prescrição de longuíssimo tempo ou imemorial; e)prescrição ordinária de 30 anos..."[183]

---

[181] CRUZ, Alcides: delineia a divisão entre as duas ações, obra citada, pp. 18-20; COUTO E SILVA, Clóvis do. *Comentários ao CPC*, vol. XI, tomo I, p. 193, afirmando a diversidade de fins entre as duas ações; mais remotamente, MORATO, Francisco. *Da prescripção nas acções divisórias*, p. 127; BARROS, Hamilton de Moraes e. *Comentários ao CPC*, vol. IX, n. 52, p. 38.

[182] COUTO E SILVA, Clóvis do. *Comentários ao CPC*, p. 211.

Mais recentemente, a posição dos doutrinadores é pela permissibilidade da defesa de demarcatórias com usucapião[184]. Sem maiores delongas, dentro da tradição dos velhos autores, admitem este meio de defesa.

Improvido no todo o pedido de demarcação, não se realizarão os atos demarcatórios, formando-se a coisa julgada que impede a repetição da ação pelo mesmo autor.

Improcedente em parte a ação demarcatória, pelo reconhecimento da existência do usucapião, poder-se-á demarcar a parte reconhecida, respeitando a fração usucapida[185].

A parte que se reconheceu o usucapião não poderá ser inserta dentro da área demarcanda.

Os que admitem a ação demarcatória de posses[186] silenciam quanto à defesa com usucapião nesta ação. Sem que se inverede pela discussão, porquanto a maioria considere demanda típica de quem tem título dominial, não podendo ser excluída tal possibilidade.

Amparada a defesa do réu da demarcatória de posse na *prescrição aquisitiva*, parece plausível seu sucesso quase na mesma medida que na demarcatória "do domínio", sem, contudo, fazer coisa julgada ao proprietário que não foi parte.

Concordante é a jurisprudência, pela possibilidade da exceção de usucapião ser acolhida na ação de demarcação.

"O usucapião pode ser argüido como defesa em demarcatória"[187]. Assim decidiu a 2ª Câmara Cível do

---

[183] Obra citada, p. 47.

[184] NADER, Natal. *Usucapião de imóveis*, p. 24; PINTO, Nélson Luiz. *Ação de usucapião*, p. 150.

[185] COUTO E SILVA, Clóvis do. *Comentários ao CPC*, p. 211.

[186] PONTES DE MIRANDA. Comentários ao CPC, vol. XIII, p.406; THEODORO JÚNIOR, Humberto. *Curso de direito processual civil*, vol. III, § 203, p. 247.

[187] *Jurisprudência do usucapião*, p. 294, org. Limongi França; RT. 432/90-92; RJTJESP - LEX 11/309.

TJSP, com suporte na Súmula 237 STF: "O usucapião pode ser argüido em defesa".
Imprescritibilidade da ação de divisão defendida pela maioria da doutrina não desponta como óbice à apresentação do usucapião em defesa.
O prazo será o do art. 297 do CPC, se a matéria for exclusivamente a exceção de usucapião, é de 20 dias, art. 954 do CPC[188].

8.4. AÇÃO DIVISÓRIA

A ação de divisão ou divisória tem por finalidade a extinção do estado de comunhão na coisa. "Compete ao condômino, contra seus consortes, para dividir a coisa sujeita ao regime jurídico de condomínio."[189]

A *actio comuni dividundo* dos romanos pressupõe a comunhão em coisa singular. A *familiae erciscundae* põe fim à comunhão originada na sucessão por herança, partilha de coisa comum, mesmo universalizada. Em ambas, o objeto é a divisão, que só será alcançada na *actio familiae erciscundae*, se divisível o bem.

Dentro das duas espécies de ações previstas, sofrem os efeitos da posse, se sobre área dividenda se assentou possuidor de longa data, fortalecido pelo ânimo de dono.

A posse enriquecida com *animus*, revestida de mansidão e pacificidade, sobre parte determinada, pode gerar o usucapião, espancando a pretensão divisória do promovente.

Na *actio comuni dividundo*, não há óbice da maioria da doutrina pela reação com usucapião, o que não é pacífico na *actio familiae erciscundae*. Neste sentido ponti-

---

[188] BARROS, Hamilton de Moraes e. *Comentários ao CPC*, p. 52.

[189] BAPTISTA DA SILVA, Ovídio A. *Curso de Processo Civil*, vol. II, 2. ed., p.214.

fica Hamilton de Moraes Barros: "O Terceiro, estranho ao condomínio, poderá usucapir a área de que tenha a posse de largo tempo, isto é, pelo prazo determinado em lei no conjunto dos requisitos. O condômino que tenha a posse total ou parcial do imóvel, objeto da propriedade comum, não poderá usucapir"[190].

A categórica posição do comentador não encontra abrigo na jurisprudência, francamente favorável a admitir o usucapião entre os condôminos, desde que a posse seja exclusiva, em área determinada, com *animus domini unici*. Neste diapasão, a decisão que segue: "É possível o usucapião entre herdeiros e condôminos, comprovados, porém, determinados requisitos, sendo imprescindível a posse exclusiva *animus domini unici*, traduzindo de modo inequívoco, com exclusão dos demais[191].

É de ser anotada, entretanto, a impossibilidade de soma da posse do antecessor, *sucessio possessionis*, quando o usucapião é oposto contra o co-herdeiro. A posse comum a todos aproveita[192].

A proposição de Hamilton de Moraes Barros não encontra eco na jurisprudência dominante, francamente favorável ao usucapião entre co-herdeiros, desde que oriundo de posse *pro suo*, com exclusão dos demais compossuidores.

O óbice restaria quanto ao condomínio *pro indiviso* onde outras vozes se levantam, propugnando pela inusucapibilidade. Assim: no caso de comunhão *pro indiviso*, inadmissível é a ação de usucapião, isto porque um comunheiro não pode alegar posse individual em detrimento de qualquer dos demais..."[193]

Aceita a tese dominante na jurisprudência, favorável a posse exclusiva do imóvel da herança, com *animus*,

---

[190] *Comentários ao CPC*, vol IX, n. 86, p. 74.

[191] Acórdão do TJMG, Apelação Cível 48.082, RT 524/210. (RJCPCB, vol. 2, p. 212).

[192] Acórdão do TJMG, Apelação Cível 58.793; Adcoas, 1982, n. 87.197. (RJCPCB, vol. 2, p. 216).

[193] Acórdão do TJRJ. Apelação Cível, 1887. (RJCPCB, vol. II, p. 216).

possível aceitar-se a alegação do usucapião em defesa nas demandas divisórias.

Não foi outra a proposta de Francisco Morato, quando alegava imprescritível a ação de divisão, pois emanada do domínio, quanto à prescrição extintiva ou liberatória. Admitia tão-somente a prescrição aquisitiva - usucapião - reafirmando, ainda, a defesa da teoria dualista da prescrição[194].

Assim, não desaparece o direito do autor a promover a ação de divisão, mas contra esta pode ser oposta apenas a prescrição aquisitiva ou usucapião[195].

8.5. AÇÕES POSSESSÓRIAS

Os interditos ou ações possessórias têm origem romana. Como forma de tutela da posse, ancoram-se no pressuposto básico da posse, cabendo somente a quem a teve ou a tem.

Divididas em três espécies, conforme a gradação da agressão: reintegração de posse, contra o esbulho; manutenção de posse, contra a turbação, e interdito proibitório, contra a ameaça.

O legitimado ativo é o possuidor agredido na sua posse, seja pelo esbulho, turbação ou mesmo ameaça. Legitimado passivo é o agressor, que ameaça, turba ou esbulha.

Cuida-se, segundo parte da doutrina, de demanda sumária[196], onde a amplitude de defesa do réu se restrin-

---

[194] Pela teoria dualista a expressão *prescrição* teria o sentido ambíguo significando tanto a *prescrição extintiva* ou *liberatória* que impede a propositura da ação, como a *prescrição aquisitiva*, usucapião. Tal posição tem a acolhida de Clóvis Bevilaqua, opondo-se a Carvalho de Mendonça.

[195] MORATO, Francisco. *Da prescrição nas ações divisórias*, 2. ed., § 24, pp. 56-57.

[196] Sobre a sumarização material nas ações possessórias, Ovídio Baptista da Silva, *Procedimentos Especiais*, n. 24, p. 46.

ge, conforme a proibição locada no art. 923, em que pese a discórdia da sua interpretação.

Suficiente, entretanto, para possibilitar a discussão de usucapião nas ações possessórias e a razão de ser delas: a posse, também fundamento da aquisição do bem pelo usucapiente.

Não há acordo, por outro lado, entre os autores quanto à oponibilidade do usucapião como meio de defesa nas possessórias: "... nada obsta a que, por exemplo, em ação de reintegração de posse, excepcione o réu com a usucapião especial. Entretanto, se o autor não alegar concomitantemente a sua qualidade de proprietário, a sentença que julgar procedente a exceção não valerá como título para o registro imobiliário"[197].

Aqui, mais preocupado com a eficácia do registro, pende o autor gaúcho a invalidar a oposição nas possessórias.

Por outro lado, vinculado à proibição do art. 923 do CPC, denominada *exceptio domini*, vinculam-se outros autores.

Theodoro Júnior alinha-se neste sentido, referindo a posição que não admite o usucapião nas possessórias, como dominante na jurisprudência[198].

8.5.1. Proibição da exceção de domínio (art. 923 do CPC)

Permaneceu duvidoso, mesmo após a retirada da parte final do art. 923 do CPC, relacionado à possibilidade de acolher-se a *exceptio domini*. Manteve-se, após a reformulação de 1980, a proibição às partes de ingressarem com *ação de reconhecimento de domínio*.

---

[197] NEQUETE, Lenine. *Usucapião especial: Lei 6.969, de 10.12.1981.* p. 40.

[198] THEODORO JÚNIOR, Humberto. *Curso de Direito Processual Civil*, vol.III, n. 1.346, p. 214. Cita ainda, RT 530/201 e 563/95, (Este acórdão cita a RJTJSP, 62/230 e 66/168).

O professor Ovídio Baptista da Silva suscita várias dúvidas à nova redação: "... *a)* A expressão 'reconhecimento de domínio' abrangeria a ação de usucapião? *b)*O dispositivo apenas vedaria a propositura de ação reconvencional tendente ao 'reconhecimento de domínio', ou vedaria o Código também o ajuizamento de uma ação autônoma com tal objetivo? *c)*Teria o legislador, ao aludir à 'ação de reconhecimento de domínio', pretendido impedir a propositura da ação reivindicatória? *d)* Neste caso, a vedação apenas alcançaria o exercício da reivindicação como ação reconvencional, ou igualmente ficaria vedada a propositura de uma ação reivindicatória separada?"[199]

Algumas indagações tinham sido propostas anteriormente por Pontes de Miranda[200], ainda sob a vigência da 2ª parte do art. 923, retirada em 1980.

Parece, contudo, pertinente a solução apontada pelo processualista gaúcho, justificando a vedação ao titular do domínio que, demandado em possessória, não poderia valer-se de outra ação - declaratória pura ou reivindicatória - "... impondo sua condição de proprietário, para conservar a posse obtida de modo ilegítimo."[201]

Esvazia-se o juízo possessório, frente à oposição da *exceptio domini*, anulando a incompatibilidade histórica entre possessório e petitório. Que, se admitido, repugnaria aos juristas romanos, como afirmou Pontes de Miranda[202].

Entretanto, não pode ser olvidado que "razões históricas" têm significados outros, não puramente jurí-

---

[199] BAPTISTA DA SILVA, Ovídio A. *Procedimentos Especiais*, n. 102, p.208.

[200] PONTES DE MIRANDA. *Comentários ao CPC*, tomo XIII, art. 923, p. 199.

[201] BAPTISTA DA SILVA, Ovídio A., obra citada, n. 102, pp. 209-210.

[202] PONTES DE MIRANDA, obra citada, art. 923, p. 198. No mesmo sentido, apontado para os fundamentos históricos da proibição, ver: Alberto Levoni, "Una nuova deroga del divieto di cumulo fra possessorio e petitorio? *in Rivista Trimestrale di Diritto e Procedura Civile*, ano 1993, p. 505. Concordando com a vedação, RT 515/247.

dicos. Animam o direito outros fundamentos políticos que, em cada época, sofre influências diversas.

A proibição da exceção de domínio tem sido frontalmente combatida, como pode ser visto na exposição pedagogicamente política do Ministro Aleomar Baleeiro, Recurso Especial 63.080-MG quando vota: "... De um ponto de vista filosófico, político, acho que se devia permitir, na possessória, o conhecimento do assunto do petitório, porque, afinal, vai devolver-se essa posse ao recorrido, para, depois, tornar-se dele a mesma posse, já que não tem o domínio."[203]

Na Itália, recentemente, a Corte Constitucional declarou a ilegitimidade do art. 705, § 1º, do CPC, que subordina a proposição do petitório à solução da possessória. Admitia-se, no caso concreto, a acumulação de possessório com petitório; permitindo a *exceptio proprietatis* contra o possuidor[204].

O STF, examinando a constitucionalidade do art. 923 do CPC, concluiu pela legalidade do mesmo: "Não é inconstitucional o art. 923, 1ª parte, do CPC, não sendo também a interpretação literal que lhe deu o acórdão recorrido."[205]

8.5.2. O artigo 923 do CPC e a exceção de usucapião

As dúvidas que pendiam não foram afastadas com a redação abreviada do art. 923 do CPC: "Na pendência do processo possessório, é defeso assim ao autor como ao réu intentar ação de reconhecimento de domínio."

---

[203] Citação do RJT 44/350, mencionada por Aélio Paropat Souza, "A exceção de domínio", in *Uma vida dedicada do Direito*, p. 101.

[204] LEVONI, Alberto. "Una nuova deroga al divieto di cumulo fra possessorio e petitorio?", *Rivista Trimestrale di Diritto e Procedura Civile*, ano 1993, pp. 505-538.

[205] SOUZA, Aélio Paropat.Obra citada, n. 9, p. 111. Refere-se ao acórdão do RE 87.344-MG; (RTJ 91/594).

Demasiado extensiva a interpretação que visualiza na redação do art. 923 a proibição da exceção fundada em usucapião.

Sendo a contestação articulação tão-só defensiva, que não comporta pedido próprio - mesmo sendo dúplices as possessórias[206] - exceto a pretensão de improcedência da demanda do autor, não se cogita de ação, nem de intentar.

Contida na contestação, não pode ser confundida com ação, mesmo que reconvencional, por não sê-lo. O demandado, quando excepciona, não age, simplesmente opõe fato impeditivo, modificativo ou extintivo. Defende-se.

O comando estatal contido no dispositivo, se acolhida a exceção, não tem caráter positivo, tão-só desestimatório, negativo.

Vingando a proposição contrária, admitindo que a vedação do art. 923 do CPC pertine à exceção de usucapião, concluir-se-ia pela possibilidade da eficácia declarativa da sentença de forma a autorizar a transcrição no registro (se imóvel), contrariando amplamente os doutrinadores mais notáveis[207].

Autores que examinam a questão têm admitido a exceção de usucapião nas possessórias. Podem ser mencionados Lourenço Mario Prunes, José Carlos de Moraes Salles, Nélson Luiz Pinto e Tupinambá Miguel Castro do Nascimento[208].

A jurisprudência não tem a mesma coerência, sendo francamente dividida, mas podem-se citar acórdãos em ambos os sentidos[209].

---

[206] Neste caso, oposto o usucapião, não se trataria do pedido previsto no art. 922 do CPC, mas pedido diverso, de reconhecimento da prescrição; não de direito à posse.

[207] Ver infra n. 11, posição dos autores nacionais sobre as eficácias.

[208] Respectivamente: *Usucapião de imóveis*, cap. VIII, p. 343; *Usucapião de bens imóveis e móveis*, n. 2.1.8, pp. 114-115; *Ação de usucapião*, n. 4.14, p. 154; *Usucapião*, n. 44, p. 194.

[209] A favor: Jurisprudência Brasileira 21/100. Contra: RT 583/252; RT 695/121.

8.6. OUTRAS AÇÕES

Ante a amplitude de defesa possível ao demandado, associado à fácil constituição de direitos através da posse, com o encurtamento de prazos em algumas espécies de usucapião, não é abusivo prever o oferecimento da *exceção de usucapião* nas mais variadas demandas.

8.6.1. Ação de despejo

Sob a denominação genérica de ação de despejo, encontraremos um elenco de demandas que visam à retirada do ocupante do imóvel e à conseqüente restituição ao contratante que o deu em locação. A locação é o contrato em que uma parte, mediante pagamento, por tempo estipulado, concede o uso de bem infungível, execução de obra ou serviço.

Para este estudo, importa, principalmente, a locação de imóveis, por ser o despejo o procedimento indicado para a retomada desses bens, sejam urbanos ou rústicos.

Antes, porém, é prudente fazer uma diferenciação. As demandas despejatórias de imóveis urbanos são procedimentos especiais, não-codificados, orientados pela Lei 8.245/91, arts. 59 a 66, com possibilidade de medidas liminares e execução provisória, embora indique a norma que o rito é ordinário. De outro lado, nos despejos de imóveis rústicos, a ordinariedade é total, inavendo norma expressa quanto à execução antecipada ou à concessão de medidas liminares, preservando entretanto o caráter executivo da decisão de procedência.

Em ambas as espécies, embora remota, é previsível dentre as atitudes defensivas do réu a defesa amparada com usucapião, não havendo na norma processual obstáculo a tais alegações. Diante disso, situa-se no plano do direito material a possibilidade de constituição do direito ao usucapião. Nas relações locatícias, como se sabe, mantém-se com o locador a posse indireta, inexistindo, enquanto são pagos os locatícios, *animus domini* do locatário e possuidor direto. Aquele que paga pelo uso não se sente dono; e, mesmo aquele que deixa de pagar, pode não ter o ânimo de dono, pois pode inadimplir por outra razão.

Mesmo que seja assim, possível no curso do tempo a transmutação da locação e o surgimento da posse *ad usucapionem*, com *animus domini*, capaz de gerar o usucapião, e, por conseqüência a defesa processual amparada nesse argumento.

8.6.2. Ações de inventário e arrolamento

Nos procedimentos de inventário, segundo Lourenço Mário Prunes, não se poderá discutir senão questões de direito e de fato fundadas em prova inequívoca[210]. Contudo, não se pode afastar de todo esta possibilidade, porquanto possível o usucapião entre sucessores, mesmo que não oferecido em sede de inventário, mas nas vias ordinárias, originadas das dúvidas do inventário, poderá surgir o usucapião.

8.6.3. Ação de desapropriação

Na ação de desapropriação, embora a restrição do art. 20 do Dec. Lei 3.365/41, impedindo a contestação que não se atenha aos vícios do processo e à impugnação do preço, tem convergido aos tribunais defesas amparadas em usucapião.

---

[210] PRUNES, Lourenço Mário. *Usucapião de imóveis*, cap. VIII, p. 343. Em ação de nulidade de partilha, julgada no STF, foi oposta a exceção de usucapião,(DJ 13.02.1995, p. 2242).

"Além da contestação, o particular pode entrar com exceções" [211], conforme afirma outra parte da doutrina. Não é unânime, entretanto, a aceitação, sendo raros os excertos[212].

Há, contudo, uma situação curiosa que poderá ocorrer quando da desapropriação indireta, casos em que o poder público toma posse sem o decreto expropriatório. Segundo abundante jurisprudência, "enquanto o expropriado não perde o direito da propriedade por efeito do usucapião do expropriante, vale o princípio constitucional sobre o direito de propriedade e o direito à indenização"[213]

Nestes casos é possível a defesa do ente público desapropriante, na ação de indenização proposta pelo expropriado, com usucapião, tentando - se acolhida a exceção - elidir o pagamento compensatório. Tal hipótese somente será possível pelo retardamento do desapossado em implementar a demanda condenatória, que prescreve em 20 anos, para se ver ressarcido, combinado com o implemento dos requisitos do usucapião pelo poder público ocupante.

8.6.4. Ação de Usucapião

Curiosa a hipótese, não impossível, de oferecimento de usucapião em defesa em ação de usucapião, como menciona Tupinambá Miguel C. do Nascimento[214], principalmente se for considerado que são citados os confrontantes (art. 942 do CPC) e que o possuidor atual tem de ser citado para a ação(Súmula 263 do STF).

---

[211] CRETELLA JUNIOR, José. *Comentários à lei de desapropriação*, n. 140, p. 328.

[212] Contra o oferecimento de defesa com usucapião RJTJESP-LEX 120/377 (Mencionado por Nélson Luiz Pinto, *Ação de usucapião*, p. 150).

[213] Acódão nº 109.853-8, RE ao STF, Relator Min. Nery da Silveira, DJ 19.12.91, p. 18.711

[214] *Usucapião*, n. 44, p. 193.

A citação dos confrontantes, equiparados a réus, traz ao processo os vizinhos do imóvel objeto do processo, possibilitando o *enfrentamento de posses*, caso exista mais de um pretendente a usucapir o bem. Esse entrechoque de pretensões só pode ser deslindado após a devida instrução.

Da mesma forma a exigência imposta pela Súmula 263 do STF, que atrai ao processo o possuidor atual do bem e, não raro, poderá se insurgir contra o pedido do autor, contestando ou excepcionando com usucapião.

8.6.5. Ações para reaver posse ou domínio de bens móveis

Outra possibilidade que não pode ser excluída, está relacionada às ações que tenham por objeto a discussão do domínio ou a posse de bens móveis.

Entre as ações ordinárias, mesmo nos procedimentos especiais como possessórias, depósito, ou entre as cautelares como busca e apreensão e arrolamento, provável possa o demandado defender-se com usucapião, desde que tenha posse com ânimo de dono há mais de 5 ou 3 anos, conforme seja extraordinária ou ordinária a aquisição.

9

Sentença da Ação de Usucapião e sentenças desestimatórias das demandas onde é oposta a Exceção de Usucapião

Diferem profundamente as pretensões do jurisdicionado quando propõe uma *ação processual* frente ao Estado-Juiz, daquela do demandado, que tem contra si a ação veiculada através do poder jurisdicional. Enquanto o autor pretende a procedência, almeja o demandado ao defender-se, a improcedência da ação, o provimento negativo.

De forma sintética, em regra, a *ação pertence ao autor*, que provoca a manifestação do Estado.

Em virtude de a classificação das eficácias sentenciais se vincular às "ações de direito material", "que constituem a substância dos respectivos processos onde elas se incluem"[215], o estabelecimento do paralelo entre a sentença da ação de usucapião e a sentença que acolhe a exceção de usucapião se torna extremamente complexa, embora possa precisamente demonstrar os *limites* contidos na última.

9.1. EFICÁCIA DECLARATÓRIA

Propalado como principal, senão única eficácia da sentença que reconhece a existência do direito nas ações de usucapião, a declaração, sem dúvida, prepondera.

---

[215] BAPTISTA DA SILVA, Ovídio A. *Curso de Processo Civil*, vol.I, p. 119.

Ao que busca a *pura declaração*, sob o abrigo do art. 4º do CPC, satisfaz a confirmação da existência ou inexistência de uma relação jurídica. Prescinde, se nitidamente declaratória, de qualquer execução. "A usucapião opera *ipso iure*. A sentença, que se profere, é declarativa."[216] Em que pese a quase unanimidade sobre sua proeminência, a presença da declaração não exclui as demais forças eficaciais.

Ao sentenciar, desacolhendo a demanda onde é oposto o usucapião, também estará presente o selo declarativo, mas em sentido negativo. Reconhecendo-se as alegações do demandado, negar-se-á a declaração ao autor, quanto à pretensão da *existência da relação jurídica* que apontara.

Não se poderá, mesmo com sacrifício de diversos dogmas, pretender tenha a sentença que reconhece a exceção de usucapião o "comando positivo" presente naquela de procedência na ação de usucapião.

Por império do sistema processual adotado, há uma correlação entre o pedido e a sentença, ao que denomina a doutrina de *princípio da congruência*[217] ou da *consonância*. Esta "camisa de força" imposta pelo pedido formulado pelo autor impede o alargamento do *thema decidendum*, obsta a ampliação da sentença, senão à negação da pretensão formulada.

9.2. EFICÁCIA CONSTITUTIVA

Sem que se penetre na celeuma provocada por Carvalho Santos, secundado por Sílvio Rodrigues[218], apontando para a preponderância da eficácia constitutiva, francamente isolados dentre os doutrinadores, é de

---

[216] PONTES DE MIRANDA.*Comentários ao CPC*, vol. XIII, p. 361.
[217] BAPTISTA DA SILVA, Ovídio A. *Curso de Processo Civil*, vol. I, p. 171.
[218] CARVALHO SANTOS, J. M. *Código Civil Brasileiro interpretado*, vol.VII, art. 550, n. 12, pp. 430-431.

ser sublinhado para o mérito de ter amainado o ímpeto daqueles que têm por exclusiva a eficácia declarativa.

O comentador do CC entregava à transcrição do registro a aquisição da propriedade, minimizando, por conseguinte, a declaração. Embora solitário, seu ponto de vista merece atenção se for observado o "obstáculo" interposto àqueles que depositam na *declaração* toda a força. Sendo exclusiva a declaração, servindo a sentença apenas para transcrição no registro, porque intentar a ação de bens móveis, onde é despiciendo o registro[219].

Sentenciado em sentido negativo, *acolhendo a exceção*, mesmo que singela, não estará presente a eficácia constitutiva, ausente, segundo alguns, na sentença da ação de usucapião.

9.3. EFICÁCIA MANDAMENTAL

Negado pela maioria dos analistas, o efeito mandamental contido da sentença procedente da ação de usucapião de imóveis que *manda transcrever no Registro o nome do adquirente*, não pode ser totalmente negado.

Mesmo Pontes de Miranda, divulgador da "teoria quinária de constante quinze", não o admitia por inteiro: "A ação de usucapião (...) é ação declarativa, com o elemento eventual (necessário, em se tratando de usucapir imóvel) do registro da sentença, efeito *mandamental* que erradamente se tem querido exagerar. (...) O registro da sentença é efeito *mandamental*, que não basta para a classificação da sentença."[220]

---

[219] BAPTISTA DA SILVA, Ovídio A. *Curso de Processo Civil*, vol. I, p. 128. Alude, ainda, para a insuficiência do argumento, pois: "Se a sentença fosse meramente declaratória, o usucapiente de coisas móveis não teria a menor necessidade de promover a ação correspondente, podendo alienar a coisa usucapida...O conteúdo constitutivo da sentença é ineliminável.".

[220] PONTES DE MIRANDA.*Comentários ao CPC*, vol. XIII, p. 351.

Ainda quanto ao efeito mandamental, inserto do Tratado das Ações, o mesmo autor reclama a imprecisão do artigo 945, opinando pela dispensabilidade do *mandado*, sem, contudo, fosse retirado o efeito mandamental, porquanto intrínseco à decisão; presente mesmo quando não requerida.

Em outra sede reafirma: "tratar-se de sentença declarativa, segundo dissemos, portanto de eficácia somente *inter partes* (...). Tem ainda o efeito - não *força* - mandamental, que lhe provém do mandado para registo"[221]

Em contrapartida, aduz: "A carga de eficácia da sentença favorável, na ação de usucapião, é de 5 de declaração, 4 de mandamentalidade e 3 de constitutividade."[222]

As opiniões não são de todo homogêneas. Não é unitário o conceito de *eficácia, efeito* e mesmo o de *força*, variando conforme o sítio.

Não bastasse a divergência apontada, salvo pequenas declarações que começam a despontar, reconhecendo a existência de ações mandamentais[223], avessa a doutrina dominante a reconhecer tais ações, quando não tal eficácia.

Adstrito à eficácia mandamental contida na sentença de procedência da ação de usucapião, pode-se afirmar: a) a sentença desta ação, que ordena a transcrição, seja eficácia, força ou efeito, é carga própria, consentânea do pedido e prevista na lei; b)quando acolhido o usucapião, oposto em resposta do demandado, não logra idêntico *efeito* mandamental, capaz de ordenar a transcrição; c)tratando-se de usucapião especial, Lei

---

[221] PONTES DE MIRANDA.*Tratado das ações*, vol.II, p. 251.

[222] Idem, p. 252. Nas duas citações é referida a Revista Forense, 119/497.

[223] GRINOVER, Ada Pellegrini. "Tutela jurisdicional das obrigações de fazer e não fazer", *Livro de estudos jurídicos*, n.11, pp. 136-138. Neste artigo, a professora paulista reconhece a necessidade de mudança de posição, na esteira da posição de Pontes de Miranda e outros, quanto à existência entre nós das ações mandamentais. O mesmo artigo foi publicado na *Revista AJURIS*, n. 65. p.13.

6.969/81, pela dicção do art. 7º, a transcrição no Registro de Imóveis, *vale* a sentença que a reconhece, somente entre aqueles que foram partes na ação.

9.4. EFICÁCIA DA EXCEÇÃO DE USUCAPIÃO DE BENS MÓVEIS

O principal obstáculo interposto à validade da decisão que reconhece o usucapião de bens imóveis argüido em defesa é a eficácia apenas interpartes da sentença.

No entanto, este empecilho não pode ser levantado se a exceção de usucapião for de bem móvel. Salvo em casos raros, não existirão outras partes senão autor e réu. Sendo móvel o objeto do litígio, não se citarão os confrontantes, é obvio; não haverá citação edital de eventuais interessados; não se chamará a intervir o Ministério Público.

As partes, na primeira ação (onde é oposta a exceção) e na segunda (pedido de usucapião), serão as mesmas, sendo a eficácia interpartes total, tanto quanto basta.

Mesmo assim, os efeitos da exceção não serão os mesmos da ação, porque outro obstáculo se impõe, mas agora referente à obediência ao princípio da congruência. Neste caso, abjeção não decorre da presença ou ausência de partes, mas da vinculação entre pedido e decisão, da sintonia entre a atitude do autor, defesa do réu e sentença.

Como visto retro, n. 6.1, o comportamento do réu que oferece a exceção substancial é de defesa, ao qual corresponde, se acolhida, uma sentença, negando o pedido do autor, nada mais.

Outro ponto a refletir, neste caso, é a legitimidade passiva na segunda ação. Deve figurar como réu na segunda demanda aquele que foi autor na primeira. Se a coisa julgada o atingiu, ele não é mais legitimado passivo. Mas é certo que há interesse de agir (necessidade) na segunda ação, que pede a declaração do usucapião, pois sem o provimento positivo inexiste a declaração da aquisição por usucapião.

9.5. PARTICIPAÇÃO DO MINISTÉRIO PÚBLICO NA EXCEÇÃO DE USUCAPIÃO DE IMÓVEIS

Duas decisões antagônicas da jurisprudência estimulam a reflexão sobre o papel do Ministério Público no processo em que é oferecida a exceção de usucapião. A primeira delas entende pela necessidade da participação, e a segunda, não.

"Argüindo os réus usucapião especial (Lei 6.969/81), como defesa em ação reivindicatória, torna-se necessária, sob pena de nulidade, a intimação do Ministério Público, para que participe do feito como fiscal da lei."[224]

Na segunda decisão, lê-se: "*Usucapião especial. Matéria de defesa. Procedimentos e efeito da sentença. Intervenção do MP.* Argüida como exceção, com suporte no art. 7º da Lei nº 6.969/81, a usucapião especial não importa em declaração incidental e dispensa tanto a citação dos confinantes e dos réus ausentes, incertos e desconhecidos, como também a cientificação das demais entidades previstas no § 3º do art. 5º da mesma lei e, inclusive a presença do MP..."[225]

Em ambos os julgados, o usucapião alegado é o especial da Lei 6.969/81, com dicção específica quanto à oponibilidade da defesa material amparada em usuca-

---

[224] Decisão do TJDF, Ap. 16.105, 2ª T. - Rel. Des. Manoel Coelho - j. 17.3.88 - m.v. - RT 634/160; *Repertório de Jurisprudência e doutrina sobre nulidades processuais*, p. 61.

[225] Agravo de Instrumento n. 193009255, TARGS, publicado nos Julgados do TARGS, n. 89, pp.125 a 128.

pião, integrante do art. 7º da referida lei. Se a interpretação da lei for literal, presumindo-se que os efeitos do usucapião especial trazido em contestação são totais, que a eficácia da decisão é plena para o excipiente, sem necessidade de propositura da demanda de reconhecimento da aquisição, poderia se imaginar necessárias as citações, intimações e também chamamento à participação do Ministério Público.

Mas se afirmou que não. No item 6.1 e 6.2, ao avaliar a reconvenção e a ação declaratória incidental, impôs-se óbice a tais modalidades de provocação da jurisdição, concluindo-se pela sua inviabilidade e inutilidade se a matéria trazida fosse usucapião. A limitação decorre do efeito tão-só interpartes da decisão que acolhe a exceção, e do princípio processual de que o réu, quando excepciona, não pede, somente impede; restringindo-se a sentença a apenas improver o pedido do autor, nada mais.

Por tudo isso, é despicienda a participação do Ministério Público na demanda onde é oposto o usucapião em defesa, sob o risco de transformá-la em peça teratológica, a demanda, com o híbrido de procedimentos incompatíveis.

Essencialmente no que pertine à função do Órgão Ministerial nesse procedimento, não há nulidade ou prejuízo, pois na ação definitiva, onde *se declarará autoritativamente o usucapião*, sua participação é essencial, resultando, agora sim, em nulidade processual, caso não seja chamado a participar.

Curiosamente, as decisões apreciadas tinham posturas antagônicas no 1º Grau e, modificadas nos Tribunais, permaneceram em contradição.

10

Alcance dos efeitos da exceção

O debate sobre os efeitos do acolhimento das alegações do demandado, quando sua defesa se ancora no usucapião, amainou quando unificaram-se as vozes no coro pela limitação dos efeitos. Não destoou a jurisprudência, salvo algumas decisões de primeira instância, reformadas por força da unificação na oportunidade recursal.

Há muito predomina este entendimento, consoante as idéias de Lafayette[226].

Entretanto, não é abusivo que se passe em exame as posições mais recentes da doutrina, listando ao início a posição de domínio, proclamando o efeito apenas defensivo da exceção de usucapião, para, ao término, apontar as vozes de resistência, pugnando por efeitos outros, mais largos, por evidente.

10.1. POSIÇÕES DOS DOUTRINADORES

Serão apontadas as manifestações de Pontes de Miranda, Clóvis do Couto e Silva, Adroaldo Furtado Fabrício, Lenine Nequete, Tupinambá Miguel Castro do Nascimento, Armando de Holanda Leite, Luiz Edson Fachin e Nélson Luiz Pinto.

---

[226] PEREIRA, Lafayette Rodrigues. *Direito das Coisas*, p. 256. "A prescrição pode ser utilmente invocada, ou por via de ação, ou em forma de exceção."

Esta abordagem, embora não reflita o primor metodológico, parece-nos a mais justa, expondo as posições de cada um dos autores, merecedores todos os maiores encômicos, tanto pelo conjunto da obra, como pelo empenho na apreciação do tão antigo e importante procedimento para o reconhecimento do usucapião.

Não se abordará de forma estanque as espécies de usucapião, sejam o ordinário, extraordinário ou especial, estando ínsito no texto quando referir a cada espécie, em particular.

10.1.1. Pontes de Miranda

Na esteira dos grandes estudiosos que o antecederam, Pontes de Miranda, a par da volumosa obra que produziu, aprofundou o estudo do processo civil, aproximando-o da doutrina alemã, sempre com um severo e crítico olhar.

À ação de usucapião dedicou parte de seus *Comentários ao CPC*, *Tratado de Direito Privado* e *Tratado das Ações*[227], fazendo estimulantes paralelos entre a doutrina e os julgados.

Acredita oponível a exceção de usucapião, por meio de *objeção*, pois preexistente à sentença o usucapião, apenas declarado por esta. Remete, após, a decisões históricas, reconhecendo tal possibilidade: "A usucapião pode ser oposta como defesa..."[228].

Cita, entretanto, o tratadista alagoano, decisões divergentes, pretéritas, onde se exigia o registro da antecedente ação declaratória para a defesa com usuca-

---

[227] *Comentários Código de Processo Civil*, vol. XIII, pp. 349 e seg.; *Tratado de direito privado*, vol.X, § 1070, p. 92; vol. X, § 1192 a 1198, pp. 117-154; *Tratado das ações*, vol. II, pp. 211 e seg.
[228] PONTES DE MIRANDA. *Tratado das ações*, vol. II, p. 253 e *Comentários ao CPC*, vol.XIII, p. 261. Nas duas citações é referida a Revista Forense, 119/497.

pião; para dizer do equívoco, hoje amplamente superado desta forma de resposta do réu. Contudo, mantém-se fiel a legitimidade do réu em *objetar* as alegações do autor com o usucapião.

Indica, ao fim, como certo aquele acórdão do Tribunal de Alçada de São Paulo, acatando o usucapião, ainda que pendente a sentença de reconhecimento, pois "não é a sentença, na ação de usucapião, que confere o domínio ao possuidor. (...) A sentença é simplesmente a declaração solene de um direito. Não é o direito."[229]

E arremata, nos Comentários ao CPC, de forma induvidosa: "Se o que usucapiu ainda não propôs a ação de usucapião e alguém vem contra o seu direito, pode ele repelir esse demandante com a alegação de ter usucapido."[230]

É de ser notado, porém, que a expressão *objeção*, utilizada por Pontes de Miranda, quando se refere à resposta do réu, não coaduna com as defesas *conhecíveis de ofício*, como a litispendência e a coisa julgada[231]. O usucapião, para ser conhecido, não prescinde da alegação, este é o entendimento dominante.

10.1.2. Adroaldo Furtado Fabrício

Posiciona-se o ilustre comentador do CPC dentre a maioria, reputando imprestável ao reconhecimento do domínio a exceção de usucapião, não servindo à transcrição no Registro Imobiliário.

---

[229] PONTES DE MIRANDA. *Tratado das ações*, vol. II, p. 254.

[230] PONTES DE MIRANDA. *Comentários ao CPC*, vol. XIII, p. 362.

[231] O conceito de objeções tem origem no direito germânico. Assim indicado por Ovídio Baptista da Silva, *Curso de Processo Civil*, vol. I, p. 260, onde menciona a lição de Leo Rosemberg e Arruda Alvim. Deve-se, contudo, a Chiovenda a diferenciação, conforme ponderações de Arruda Alvim, *Direito processual civil, Teoria geral do processo de conhecimento*, vol. II, pp. 5-6.

E pondera: "Como, entretanto, a *consumação* do usucapião independe da sentença que a declara, a ação de usucapião não é o caminho único para fazê-la valer: quem já usucapiu, embora não tenha ainda obtido a correspondente declaração judicial, pode opor quando demandado, a usucapião como matéria de defesa."[232]

Traz nitidez ao debate quando aponta ser a declaração do reconhecimento da tese defensiva de caráter incidental. "*Exarada incidenter tantum*", sem que "declare autoritativamente a propriedade do excipiente"[233].

Conclui, lembrando que a sentença assim proferida não serve como título registrável, apesar do tumulto à interpretação, patrocinado pelo art. 7º da Lei 6.969/81. Fundamenta tal impossibilidade com a "impossibilidade tumultuária" que traria o processamento do usucapião, amparado na *contraposição do pedido*, reconhecível por um único rito[234].

10.1.3. Athos Gusmão Carneiro

De destacar, antes de ingressar nos meandros técnicos, a prevalência da exposição sobre este tema na Lei 6.969/81, feita pelo autor sulista. Mal entrara em vigor a *lex nova*, no ano de 1982, e despontava a manifestação publicada originariamente no jornal *Correio do Povo*[235].

A inovação mais profunda se referia ao prazo encurtado para 5 anos, além da exceção ao princípio reiterado, de inusucapibilidade dos bens públicos.

---

[232] FABRÍCIO, Adroaldo Furtado. *Comentários ao CPC*, vol.VIII, tomo III, n. 455, p. 397.

[233] Idem.

[234] Ibidem. Observar nota n. 38, do mesmo capítulo, onde o autor não altera opinião quanto ao usucapião especial agrário.

[235] *Aspectos processuais da lei do usucapião especial*, publicado originariamente no jornal Correio do Povo, de Porto Alegre, em 22.04.82 e, posteriormente, na *Revista AJURIS*, n. 26, p. 117.

A par das modificações materiais, tentou o legislador avançar formalmente, esbarrando entretanto em princípios consagrados pela norma processual.

Assim, a regra do art. 7º só admite como aplicável "nos casos em que o titular do registro anterior foi exatamente o autor da ação, na qual o possuidor invocou exitosamente, em defesa o usucapião"[236].

Pioneiro também quanto à eficácia tão-só *inter partes* da decisão que reconhece a exceção de usucapião especial.

10.1.4. Lenine Nequete

Da prescrição aquisitiva (usucapião), é referência obrigatória em se tratando de usucapião, pelo percuciente exame dos requisitos propiciado pelo juiz gaúcho, e pela pesquisa, rica em referências bibliográficas.

Quanto aos efeitos, adverte o autor que: "Provocada, porém, por via de exceção, cumpre não esquecer que a sentença não tem, então, efeito *erga omnes*, não constituindo, pois, título hábil para a transcrição."

No mesmo tom, agrega ter a coisa julgada efeito tão-só *inter partes* impedindo a nova proposição do usucapião pelo excipiente noutra demanda, assim como a reivindicatória ao autor da primeira demanda desacolhida[237].

Como argumento, coteja a ação e a exceção, ao dizer que não pode ter a exceção o efeito que nem a ação tem, contra aquele que não foi parte. Se o interessado certo não é atingido, quando não citado nominalmente na ação de usucapião, não o será quando nem por citação edital é citado[238].

---

[236] CARNEIRO, Athos Gusmão. "Aspectos processuais da lei de usucapião especial", *Revista AJURIS*, n. 26, p. 119.

[237] NEQUETE, Lenine. *Da prescrição aquisitiva (usucapião)*, p. 29. Cita também a RT 181/242.

[238] Idem, p. 30.

Noutra oportunidade, ao comentar o art. 7º da Lei 6.969/81, avança o autor, nas restrições, reconhecendo a eficácia *inter partes* da exceção acolhida somente quando o autor - mesmo em possessória - expõe o título nominal. E mais, não haverá o almejado efeito *inter partes* quando não esteja o imóvel registrado[239].

Quanto aos efeitos mesmos da exceção, é categórica "a sentença que reconhece o usucapião e serve como título apto ao registro não tem eficácia de coisa julgada material senão entre as partes que figuraram no processo"[240].

10.1.5. Ernani Fidélis dos Santos

Manteve-se o professor do oeste mineiro na trilha dos demais autores, apequenando os efeitos da exceção acolhida como forma de defesa. Credita, contudo, ao fato de o direito real se constituir independentemente de sentença, o usucapião pode ser alegado em defesa, mas, para sua transcrição, o procedimento especial é indispensável[241].

Avança, mesmo que parcialmente, quando alega: "Há exceção legislativa para o usucapião especial (Lei n. 6.969/81, art. 7º), mas, mesmo assim, quem não participou do processo, não está obrigado a reconhecê-lo"[242].

Aproxima-se, neste particular, da exposição inaugural de Athos Gusmão Carneiro, imediata à publicação da Lei 6.969/81[243].

---

[239] Desta posição dissente Athos Gusmão Carneiro, "Aspectos processuais da lei de usucapião especial",*Revista AJURIS* n. 26, p. 117, aliás citado por Lenine Nequete.
[240] NEQUETE, Lenine. *Usucapião especial: Lei 6.969/81, de 10.12.81*, p. 41.
[241] SANTOS, Ernani Fidélis dos. *Manual de Direito Processual Civil*, vol.3, n. 1681, p. 61.
[242] Idem.
[243] "Aspectos processuais da lei de usucapião especial". in *Revista AJURIS*, n. 26, p. 117.

10.1.6. Tupinambá Miguel Castro do Nascimento

Encontra-se em Tupinambá Nascimento curiosa definição, quando considera exceção ao *princípio dispositivo* e à tutela jurisdicional voluntária o acolhimento do usucapião como meio de defesa[244].

Afirma não haver tutela jurisdicional sem propositura de ação, regra que, às vezes, pode sofrer limitação quando das *actio duplicia*, mas não dissente com respeito à necessidade da ação para reconhecimento do usucapião e transcrição no Registro de Imóveis.

Resume a interpretação da Súmula 237 do STF como: "O que ela diz é que se pode argüir o usucapião como defesa. Diante de qualquer ação possessória ou reivindicatória movida contra o usucapiente, este pode se defender alegando ter usucapido o bem, embora não tenha ainda movido a ação."[245]

Interpretando os efeitos da sentença que acolhe o usucapião em defesa, refere o Magistrado Gaúcho ao valor intrapartes, sem tocar àqueles que não estiveram em nenhum dos pólos do litígio. E assevera: "Só na ação de usucapião, em que até interessados incertos são citados, é que a sentença declaratória tem eficácia *erga omnes*, declarando o domínio do autor."[246]

Não dissente, por esta opinião, da maioria dos doutrinadores, adstritos a eficácia apenas defensiva da *exceptio usucapio*. Mantém-se, por seu turno, ante tal exposição, no grupo que limita os efeitos do usucapião acolhido como exceção.

10.1.7. Natal Nader

Destaca este escritor tratar-se a sentença do usucapião e de "mero reconhecimento judicial do seu direito

---

[244] NASCIMENTO, Tupinambá Miguel Castro do. *Usucapião*, p.104.
[245] Idem, p.105.
[246] Ibidem.

de propriedade, nascido do preenchimento das condições exigidas..."[247]. Sendo a sentença apenas declaratória, decorre daí a possibilidade de oposição do usucapião como defesa.

Por este viés, reitera que a sentença nada constitui, embora título hábil para a transcrição no registro, tendo este outras finalidades como: tornar pública a aquisição; efeito *erga omnes*; evitar solução de continuidade no registro do imóvel.

Reportando-se aos efeitos da exceção, não inova, restringindo-os apenas aos que foram parte na demanda; afirma, ainda, cabível nas ações reivindicatórias, demarcatórias e divisórias[248].

10.1.8. José Carlos de Moraes Salles

Percuciente o desenvolvimento propiciado pelo desembargador paulista em sua obra ainda carente do reconhecimento.

Evolui o analista do caráter simplesmente declaratório da sentença do usucapião, para recepcionar sua aceitabilidade como tese de defesa. Mas impõe-lhe limites: "Todavia, se vier a ser acolhida a defesa do usucapiente, com a decretação da improcedência da demanda reivindicatória ou da possessória, nem por isso terá a sentença proferida no feito o condão de declarar autoritativamente a propriedade do excipiente..."[249]

Prossegue, perfilando as razões da carência de tal "acolhimento", quais sejam: a ausência da participação dos entes essenciais ao procedimento e inexistência da "citação de todos", com seu consectário efeito *erga omnes*.

---

[247] NADER, Natal. *Usucapião de imóveis*, p.23.

[248] Idem, p.24.

[249] SALLES, José Carlos de Moraes. *Usucapião de bens imóveis e móveis*, n. 2.1.5, p. 110.

Noutro tópico, ao comentar o artigo 7º da Lei 6.969/81, aprofunda o exame resumindo em três pontos suas conclusões: "1º) que a sentença a que se refere o art. 7º da Lei 6.969/81 só tem eficácia de *coisa julgada* material no tocante aos que foram partes no processo; 2º) que tal sentença não é oponível aos *confinantes* nem aos *terceiros* que não tenham sido citados... 3º) o registro realizado de acordo com o disposto no art. 7º só terá eficácia contra o titular do registro anterior, se este tiver sido o autor da ação em que foi acolhido o usucapião em defesa."[250]

10.1.9. Humberto Theodoro Júnior

Aponta o doutrinador de Minas Gerais para a possibilidade de o réu, quando demandado pelo antigo dono, para restituir o imóvel, opor o usucapião, direito advindo da aquisição já operada, mesmo pendente a sentença declaratória.

Entretanto, em alinho à maioria das posições, observa: "Deve-se advertir, porém, que a acolhida da exceção de usucapião acarretará a improcedência da reivindicatória do antigo dono, mas não gerará sentença hábil à matrícula do imóvel em nome do excipiente."[251]

Opõe como limitante ser o objeto da demanda apenas o pedido do autor, ao que se adstringirá a sentença, que formará a coisa julgada. Estando o demandado apenas a impedir a postulação do autor.

Prossegue, indicando ainda, como limitador, o envolvimento na ação de usucapião, além das partes citadas, presentes na reivindicatória, interessados necessários, como Fazenda Pública e confinantes. E assevera ser essa

---

[250] SALLES, José Carlos de Moraes. *Usucapião de bens imóveis e móveis*, n. 4.8.1, p. 295.
[251] THEODORO JÚNIOR, Humberto. *Curso de Direito Processual Civil*, vol. III, p.219.

a: "Razão pela qual se firmou a jurisprudência no sentido de que o usucapião pode ser reconhecido como defesa em ação reivindicatória; nunca, porém, como meio hábil a gerar título registrável."[252]
A posição é dominante.
Por outro lado, tocante ao usucapião especial, regido pela Lei 6.969/81, sustenta idéia distinta. Argumenta a criação pela lei de "espécie de ação dúplice, em que o usucapião *pro labore*, sempre que reconhecido, em ação ou exceção, autorizará a expedição de título para inscrição no Registro de Imóveis."
A dicção do artigo 7º da Lei 6.969/81 tem ensejado este entendimento de parte da doutrina, posição não-unânime, deve ser anotado. Encontramo-la, também, em Nélson Luiz Pinto, na obra *Ação de Usucapião*; Luiz Edson Fachin, *A Função Social da Posse e a Propriedade Contemporânea*.
Discorda, todavia, Athos Gusmão Carneiro, quando aduz: "Ainda de observar que, nos casos de incidência da norma do art. 7º, a sentença que 'reconhece' o usucapião e serve como título apto ao registro opera eficácia de coisa julgada material apenas relativamente às partes no processo; não, por certo, quanto aos confinantes, e a terceiros interessados, aos quais são ressalvadas as vias legais para resguardo dos direitos eventualmente feridos pelo registro da gleba em nome de quem 'em defesa' invocou a posse qüinqüenal"[253]
O autor citado não entende como dúplice, pois limita os efeitos da exceção, apenas às partes, como, aliás, a maioria dos comentadores; diferentemente do efeito próprio dessas ações, que dispensariam o novo pedido.

---

[252] THEODORO JÚNIOR, Humberto. *Curso de Direito Processual Civil*, vol. III, p. 219 Nas duas citações, é referida a Revista Forense, n. 119, p. 497.

[253] CARNEIRO, Athos Gusmão. *Aspectos processuais da lei do usucapião especial*, *Revista AJURIS*, n. 26, p. 119.

Se o registro operará apenas intrapartes, não terá grande utilidade, porquanto mecanismo de publicidade e viabilizador da transferência dominial, ausentes nesta hipótese.

10.1.10. Luiz Edson Fachin

Na obra *A função social da posse e a propriedade contemporânea*[254], o professor curitibano atenta para a resposta do réu com base no usucapião.

Acolhendo parcialmente as posições de Lenine Nequete e Silvio Rodrigues, manifesta-se pela limitação da força da sentença, quando se tratar de usucapião ordinário e extraordinário.

No tocante ao usucapião da Lei 6.969/81 diverge: "Não há dúvida quanto à possibilidade da usucapião ser apresentada na forma de exceção, *valendo a sentença que a reconhecer como título para transcrição no Registro de Imóveis*. Como se vê, o art. 7º da Lei nº 6.969/81 é límpido: acatada no mérito a matéria de defesa calcada em prescrição aquisitiva, a sentença pode ser levada a registro, sendo desnecessária a ação direta."[255]

Por tal juízo, admitindo a dispensabilidade da ação direta, reconheceria o doutrinador eficácia *erga omnes* do usucapião, mesmo que acolhido em resposta do réu. Assim, o provimento sentencial que desacolhesse o pedido do autor ordenaria a transcrição no Registro de Imóveis.

10.1.11. Nélson Luiz Pinto

Das posições alinhadas anteriormente, apenas a de Luis Edson Fachin destoa, dispensando a propositura da

---

[254] A obra *A função social da posse e a propriedade contemporânea* foi publicada em 1988, Sergio Antonio Fabris Editor, em Porto Alegre.

[255] FACHIN, Luiz Edson. *A função social da posse e a propriedade contemporânea*, pp. 49-50.

ação direta, quando reconhecida a exceção de usucapião especial.

Nélson Luiz Pinto, ao apreciar o tema, avança ainda mais, em se tratando do "usucapião constitucional".

Sua fundamentação é ampla: a)"Diante dessa previsão expressa[256], a coisa julgada, neste caso, atingirá a *causa decidendi* da ação reivindicatória julgada improcedente..."; b)"... alegado o usucapião constitucional em defesa, parece-nos que necessariamente deverão aplicar-se ao processo os §§ 1º, 2º, 3º e 5º do art. 5º da Lei 6.969/81[257]; c) "...O art. 7º da Lei 6.969/81 estabelece o caráter de ação dúplice à reivindicatória contra quem já completou os requisitos do usucapião constitucional"; d) "... como vimos, isto só ocorre com o usucapião constitucional, por disposição expressa da lei que regula o seu procedimento..."[258]

Além de corajosa a proposição, rompe alguns dogmas do direito processual e, sob pena de se antecipar as conclusões, não serão agora analisados.

---

[256] Refere-se ao art. 7º da Lei 6.969/81. "A usucapião especial poderá ser invocada como matéria de defesa, valendo a sentença que a reconhecer como título para transcrição no Registro de Imóveis.

[257] Art. 5º. Adotar-se-á, na ação de usucapião especial, o procedimento sumaríssimo, assegurada a preferência à sua instrução e julgamento.

§ 1º O autor, expondo o fundamento do pedido e individualizando o imóvel, com dispensa da juntada da respectiva planta, poderá requerer, na petição inicial, designação de audiência preliminar, a fim de justificar a posse e, se comprovada esta, será nela mantido, liminarmente, até a decisão final da causa.

§ 2º O autor requererá também a citação pessoal daquele em cujo nome esteja transcrito o imóvel usucapiendo, bem como dos confinantes e, por edital, dos réus ausentes, incertos e desconhecidos, na forma do art. 232 do Código de Processo Civil, valendo a citação para todos os atos do processo.

§ 3º Serão cientificados por carta, para que manifestem interesse na causa, os representantes da Fazenda Pública da União, dos Estados, do Distrito Federal, dos Territórios e dos Municípios, no prazo de 45 (quarenta e cinco) dias.

§ 5º Intervirá, obrigatoriamente, em todos os atos do processo, o Ministério Público.

[258] As citações são da obra *Ação de usucapião*, Nélson Luiz Pinto, pp. 151, 153.

11

Conclusão

A expressão *exceção* não possui um sentido único na linguagem comum ou jurídica, variando o significado conforme a disciplina ou o local onde é empregada. Mesmo no processo civil aparece de forma ambígua, propiciando divergências entre os estudiosos.

Sua origem histórica está situada no latim, tendo, como vocábulo jurídico, surgido no Direito Romano, no Período Formulário, como apêndice da *fórmula*. Despontou, a *exceptio*, como forma de atenuar os rigores do *Ius Civile*.

Do Direito Romano passa ao Direito Comum e Canônico, alcançando o Direito Moderno, alterando, entretanto, aquele significado original de "amenizadora do rigor do *Ius Civile*". Transforma-se em meio de defesa.

O Direito Processual Civil, sob estímulo do exame científico, reelabora as primitivas *teorias da ação*. Por conseqüência, novas concepções surgem para a exceção.

Usucapio e *praescriptio longi temporis*, institutos distintos, porém fundidos no período terminal do Império, transportam para o futuro a possibilidade de apresentação do usucapião como meio de defesa do possuidor demandado.

Nessa esteira, porquanto seguidores da matriz latina, a tradição doutrinária brasileira tem admitido o usucapião como forma de defesa. Atualmente, com amplitude admirável, tal defesa é aceita em ações reivindicatórias, demarcatórias, divisórias, de imissão de posse, possessórias e outras.

A tolerância desse meio de defesa, contudo, não ampliou os efeitos por ela alcançados. É corrente na doutrina, em posição francamente majoritária, que a defesa baseada na exceção de usucapião, a par de afastar a pretensão do demandante, não elide a necessidade de propositura da ação própria, única capaz de declarar autoritativamente a aquisição da propriedade.

Tal limitação é creditada à ausência, nestas demandas, daqueles que na "ação de usucapião" estariam presentes. Assim, não há *coisa julgada* contra os confinantes ou mesmo contra os possíveis interessados, pois não chamados à instância para apresentarem suas defesas.

Embora limitada nos efeitos, a exceção não se apequena em sua importância, porque afasta o autor da primeira ação, visto que impedido de novamente litigar, pois atingido pela coisa julgada.

Bibliografia

ALVARES SUAREZ, Ursicino. *Curso de Derecho Romano*. Madrid: ERDP, 1955.

ALLORIO, Enrico. "Significato della storia nello studio del Diritto Processuale". *Rivista di Diritto Processuale Civile*. Padova: Cedam, 1938.

ALSINA, Hugo. Defensas y excepciones, 1ª parte. *Studi in Onore di Enrico Redenti*. Milano: Giuffrè, 1951.

——. Defensas y excepciones, 2ª parte. *Scritti Giuridici in Onore a Francesco Carnelutti*. vol. II. Padova: Cedam, 1950.

AMERICANO, Jorge. *Comentários ao Código de Processo Civil do Brasil*. 2ª ed.,vol. I. São Paulo: Saraiva, 1958.

ARANGIO-RUIZ, Vincenzo. *Las acciones en el Derecho Privado Romano*. Madrid: ERDP, 1945.

ARIAS RAMOS, J.. *Derecho Romano*. vol. I, Madrid: ERDP, 1955.

ARRUDA ALVIM. *Direito Processual Civil - teoria geral do processo de conhecimento*. vol. II, São Paulo: RT, 1972.

ARRUDA ALVIM e PINTO, Teresa Arruda Alvim. *Repertório de jurisprudência e doutrina sobre nulidades processuais*. 2ª série. São Paulo: RT, 1992.

BAPTISTA, Francisco de Paula. *Compêndio de theoria e pratica de Processo Civil comparado com o Comercial*. 7ª ed. Rio de Janeiro: H.Garnier, 1907.

BAPTISTA DA SILVA, Ovídio Araújo. *Procedimentos especiais: exegese do CPC*. 2ª ed., Rio de Janeiro: Aide, 1993.

——. *Curso de Processo Civil*. vols. I e II. Porto Alegre: S.A.Fabris, 1987 e 1990.

——. *A ação de imissão de posse (no direito brasileiro atual)*. São Paulo: Saraiva, 1981.

BARBI, Celso Agrícola. *Ação declaratória principal e incidente*. 6ª ed., Rio de Janeiro: Forense, 1987.

BARROS, Hamilton de Morais e. *Comentários ao Código de Processo Civil*. 3ª ed, Rio de Janeiro: Forense, 1992.

BETTI, Emilio. *Diritto Processuale Civile Romano*. Roma: Foro Italiano, 1936.

BOLAFFI, Renzo. *Le eccezione nel diritto sostanziale*. Milano: Sel, 1936.

BONFANTE, Pietro. *Instituciones de Derecho Romano*. Madrid: Reus, 1925.

BÜLOW, Oskar Von. *La Teoría de las excepciones procesales y los presupuestos procesales*.Buenos Aires: EJEA, 1964.

CALAMANDREI, Piero. *Instituciones de Derecho Procesal Civil*. vol. I, Buenos Aires: Depalma, 1943.

CANNATA, Carlo Augusto. "Eccezione-Diritto Romano". *Novissimo Digesto Italiano*, vol. VI, p. 346. Torino: Utet, 1968.

CAPPELLETTI, Mauro. "Nuovi fatti giuridici ed eccezioni nouve nel giudizio di rinvio". *Rivista Trimestrale di Diritto e Procedura Civile*, ed. suplementar. Milano: Giuffrè, 1959.

———. "L'eccezione come contradiritto del convenuto". *Rivista di Diritto Processuale*. Padova: Cedam, 1961.

CARNEIRO, Athos Gusmão. "Aspectos processuais da lei do usucapião especial". *Revista AJURIS*, n. 26, Porto Alegre: Ajuris, 1982.

CARNELUTTI, Francesco. "Appunti sulla prescrizione". *Rivista de Diritto Processuale Civile*. Padova: Cedam, 1933

———. "Eccezione e analisi dell'esperienza". *Rivista di Diritto Processuale*. Padova: Cedam. 1960.

———. "un lapsus evidente". *Rivista di Diritto Processuale*. Padova: Cedam, 1960.

CARRION, Felipe Machado. "Usucapião extraordinário antes do Código Civil brasileiro", *Revista Jurídica*. n. 20, Porto Alegre: Sulina, 1956.

CARVALHO SANTOS, J.M. *Código Civil Brasileiro interpretado*. vol VII, 10ª ed., Rio de Janeiro: Freitas Bastos, 1984.

CINTRA, Antonio Carlos de Araújo, GRINOVER, Ada Pellegrini e DINAMARCO, Cândido Rangel. *Teoria geral do processo*. 9ª ed., São Paulo: Malheiros, 1993.

CHIOVENDA, Giuseppe. *Principios de Derecho Procesal Civil*. tomo I. Madrid: Reus, 1922.

———. "Sulla eccezione". *Rivista di Diritto Processuale Civile*. vol. I.Padova: Cedam, 1927.

COSTA, Sergio. "Eccezione-Diritto Vigente". *Novissimo Digesto Italiano*, vol. VI, p. 349. Torino: Utet, 1968.

COUTURE, Eduardo. *Fundamentos do Direito Processual Civil*. São Paulo: Saraiva, 1946.

CREDIE, Ricardo Antonio Arcoverde. "As ações de manutenção e imissão de posse", *Revista de Processo*, n. 22, pp. 47-79, RT, 1981.

CRETELLA JÚNIOR, José. *Comentários à lei de desapropriação*. 2ª ed., Rio de Janeiro: Forense, 1991.

CRUZ, Alcides. *Demarcação e divisão de terras*. Edição Especial, Porto Alegre: AJURIS, 1979.

CUENCA, Humberto. *Proceso Civil Romano*. Buenos Aires: EJEA, 1957.

DENTI, Vittorio. "L'eccezione nel Processo Civile". *Rivista Trimestrale di Diritto e Procedura Civile*. Milano: Giuffrè, 1961.

DINAMARCO, Cândido Rangel. *Fundamentos do Processo Civil moderno*. São Paulo: RT, 1986.

———. "Usucapião e Posse Perdida". *Revista AJURIS*, n. 60, Porto Alegre: AJURIS, 1994; *Revista de Processo*, 74. São Paulo: RT, 1994.

FACHIN, Edson Luiz. *A função social da posse e da propriedade contemporânea*. Porto Alegre: S.A.Fabris, 1988.

FABRÍCIO, Adroaldo Furtado. *Comentários ao Código de Processo Civil*. 5ª ed., vol. VII, t. III, Rio de Janeiro: Forense, 1993.

FERREIRA, Aurélio Buarque de Holanda. *Novo dicionário da língua portuguesa*. 2ª ed., 11ª impressão. Rio de Janeiro: Nova Fronteira, 1986.

FRANÇA, R. Limongi. *Jurisprudência do usucapião*. 2ª ed., São Paulo: RT, 1988.

FRANCISCI, Pietro de. *Síntesis histórica del Derecho Romano*. Madrid: ERDP, 1954.

GRECO FILHO, Vicente. *Direito Processual Civil Brasileiro*. 6ª ed., vol. II. São Paulo: Saraiva, 1993.

GRINOVER, Ada Pellegrini. "Tutela jurisdicional nas obrigações de fazer e não fazer", *Livro de estudos jurídicos*, n. 11, pp. 126-141, Rio de Janeiro: IEJ, 1994; *Revista AJURIS*, n. 65, p. 13, Porto Alegre: AJURIS, 1995.

GUEDES, Jefferson Carús. "Usucapião especial agrário e o direito sumular", *Livro de estudos jurídicos*, n. 11, pp. 468-475, Rio de Janeiro: IEJ, 1994; *Revista de Direito Civil*, n. 73, pp. 88-92.São Paulo: RT, 1995.

HAPNER, Paulo Roberto."Cumulação de ação demarcatória com ação reivindicatória - inadmissibilidade - ação reconvencional de usucapião - inadmissibilidade".(Decisões de 1º Grau. *Revista de Processo*. n. 24, pp. 347-350. São Paulo: RT, 1981.

INOCÊNCIO, Antônio Ferreira. *Ação de usucapião e ação de retificação de área e de alteração de divisas no registro imobiliário*. Bauru: Jalovi, 1980.

JAEGER, Nicola. *Diritto Processuale Civile*. 2ª ed. Torino: Utet, 1943.

LIEBMAN, Enrico Tulio. *Manual de Direito Processual Civil*. Rio de Janeiro: Forense. 1984.

——. "Intorno ai rapporti tra azione ed eccezione". *Problemi del Processo Civile*. Napoli: Morano, 1962; *Rivista di Diritto Processuale*. Padova: Cedam, 1960.

LEITE, Armando Roberto Holanda. *Usucapião ordinária e usucapião especial*. São Paulo: RT, 1983.

LEITE, Eduardo de Oliveira. *A monografia jurídica*. Porto Alegre: S.A. Fabris, 1985.

LEVONI, Alberto. "Uma nuova deroga al divieto di cumulo fra possessorio e petitorio?", *Rivista Trimestrale di Diritto e Procedura Civile*. Ano 1995, pp. 505-538, Milano: Giuffrè, 1995.

LIMA, Alcides de Mendonça. "As Exceções no Anteprojeto Buzaid" (A nova sistemática da exceções). *Revista dos Tribunais*, n. 394. São Paulo: RT, 1968(?); *Revista de Processo*, n. 5. São Paulo: RT, 1977.

MACKELDEY, F.. *Elementos del Derecho Romano*. 4ª ed., Madrid: Leucádio López, 1886.

MARQUES, José Frederico. *Instituições de Direito Processual Civil*. 2ª ed., vol. III, Rio de Janeiro: Forense, 1962.

MONTEIRO, João. *Programa do curso de Processo Civil*. 3ª ed., São Paulo: Duprat & Comp., 1912.

MORATO, Francisco. *Da prescripção nas acções de divisão*. 2ª ed., São Paulo; Saraiva, 1944.

MOREIRA, José Carlos Barbosa. "A resposta do réu no sistema do Código de Processo Civil", *Revista de Processo*, n.2, pp.249-262, São Paulo: RT, 1976.

NADER, Natal. *Usucapião de Imóveis: usucapião ordinário; usucapião extraordinário; usucapião especial*. 4ª ed., Rio de Janeiro: Forense, 1989.,

NASCIMENTO, Tupinambá Miguel Castro do. *Usucapião*. 6ª ed., Rio de Janeiro: Aide, 1992.

NEQUETE, Lenine. *Usucapião especial: Lei nº 6.969, de 12.10.1981*. São Paulo: Saraiva, 1983.

——. *Da prescrição aquisitiva (usucapião)*. Porto Alegre: AJURIS, 1981.

ORTOLAN, M. *Compendio del Derecho Romano*. Buenos Aires: Atalaya, 1947.

PALERMO, Antonio. *Studi sulla "exceptio" nel Diritto Classico*. Milano: Giuffrè, 1956.

PASSOS, José Joaquim Calmon de. *Comentários ao Código de Processo Civil*. 7ª ed., Rio de Janeiro: Forense, 1992.

PEREIRA, Lafayette Rodrigues. *Direito das coisas*. Edição Histórica. Rio de Janeiro: Rio, 1977.

PETIT, Eugene. *Tratado elemental de Derecho Romano*. Buenos Aires: Albatroz, 1968.

PINTO, Nélson Luiz. Ação de usucapião - "Principais aspectos processuais". *Revista de Processo*, n. 65, São Paulo: RT, 1992.

PINTO, Nélson Luiz & PINTO, Tereza Arruda Alvim. *Repertório de jurisprudência e doutrina sobre usucapião*. São Paulo: RT, 1992.

PONTES DE MIRANDA, Francisco Cavalcanti. *Código de Processo Civil comentado*. vols. IV e XIII, Rio de Janeiro: Forense, 1974.

——. *Tratado das ações*. vol. II, São Paulo: RT, 1974.

——. *Tratado de direito privado*. vols. X e XI, 4ª ed. São Paulo: RT, 1974.

PRUNES, Lourenço Mário. *Usucapião de imóveis*. São Paulo: Sugestões Literárias, sd.

RAMOS MÉNDEZ, Francisco. *Derecho Procesal Civil*. tomo I, 5ª ed., Barcelona: Bosch, 1992.

REDENTI, Enrico. *Profili pratici del Diritto Processuale Civile*. 2ª ed.. Milano: Giuffrè, 1939.

——. *Diritto Processuale Civile*. vol. I, 3ª ed., Milano: Giuffrè, 1980.

REZENDE FILHO, Gabriel José Rodrigues. *Curso de Direito Processual Civil*. vol. II, São Paulo: Saraiva, 1957.

ROCCA, Fernando Della. "Eccezione-Diritto Processuale Canonico". *Novíssimo Digesto Italiano*, vol. VI, p. 353, Torino: Utet, 1968.

ROCCO, Ugo. *Trattato di Diritto Processuale Civile*. vol. I. Torino: Utet, 1957.

ROCHA, José de Albuquerque. "Imissão de posse-rito ordinário ou sumaríssimo". *Revista de Processo*, n.4, pp. 355-359, RT, 1976.

ROSEMBERG, Leo. *Tratado de Derecho Procesal Civil*. vol. II. Buenos Aires: EJEA, 1955,

SANDOVAL, Ovídio Rocha Barros. "Ação de imissão na posse perante o novo Código de Processo Civil", *Revista dos Tribunais*, n. 486, pp.22-26. São Paulo: RT, 1976.

SALLES, José Carlos de Moraes. *Usucapião de bens imóveis e móveis*. São Paulo: RT, 1991.

SANTOS, Ernani Fidélis dos. *Manual de Direito Processual Civil*. vol. 3. 3ª ed., São Paulo: Saraiva, 1994.

SANTOS, Moacyr Amaral. *Primeiras linhas de Direito Processual Civil*. 9ª ed., vol. II. São Paulo: Saraiva, 1984.

———. *A Reconvenção no Direito Brasileiro*. 3ª ed. São Paulo: Max Limonad, 1966.

SCIALOJA, Vittorio. *Procedimiento Civil Romano*. Buenos Aires: Ejea, 1954.

SERPA LOPES, Miguel Maria de. *Exceções substanciais: exceção de contrato não cumprido*. Rio de Janeiro: Freitas Bastos, 1959.

SHÖNKE, Adolfo. *Derecho Procesal Civil*. 5ª ed. alemã. Barcelona: Bosch, 1950.

SILVA, Clóvis do Couto e. *Comentários ao CPC*. vol. XI, tomo. I. São Paulo: RT, 1977.

SOUZA, Aélio Paropat. "A exceção de domínio". *Uma vida dedicada ao direito - homenagem a Carlos Henrique de Carvalho - O editor*. São Paulo: RT, 1995.

THEODORO JÚNIOR, Humberto. *Curso de Direito Processual Civil*. vol. III, 8ª ed., Rio de Janeiro: Forense, 1994.

TORNAGHI, Hélio. "Das exceções", *Revista Jurídica da Faculdade Nacional de Direito da Universidade do Brasil*, anos 1955/1956, vols. 13/14, pp. 78-80, Rio de Janeiro, 1956.

TUCCI, José Rogério Cruz e. *Da reconvenção*. São Paulo: RT, 1984.

VILLELA, Anna Maria. "Usucapião especial no Brasil", *Seminários de Direito Romano*, pp. 165-180. Brasília: UNB, 1980.

WATANABE, Kazuo. "Ação dúplice". *Revista de Processo*, n. 31, pp. 138-143, São Paulo: RT, 1983.

WEYNE, Paul. *O inventário das diferenças*. São Paulo: Brasiliense, 1983.

Obras gerais auxiliares e periódicos

Adcoas, n. 1982/87/197.
Julgados do TARGS, n. 89.
Jurispridência Brasileira, n. 21.
Repertório de jurisprudência do Código de Processo Civil Brasileiro. vol. 2. Rio de Janeiro: Forense, 1992.
RF, n. 116, 118 e 119.
RJTJESP-LEX, n. 11 e 120.
RJTJRS, n. 90 e 153.
RJTJSP, n. 62 e 66.
RT, n. 143, 161, 181, 330, 332, 354, 357, 409, 418, 432, 474, 486, 514, 515, 530, 540, 563, 583, 634, 695.
RTJ, n. 91.

Impresso com filme fornecido pelo cliente por:

FONE: (051) 472-5899
CANOAS - RS
1997